打不罵的七堂教養課，
回你與孩子的親密關係

壞孩子其實很乖

洪春瑜——著

摸著良心講，你是不是也曾經對孩子說過這些話？
「我數到三！」「你再頂嘴試試看！」
「錯了就錯了，哪來這麼多藉口？」

不是孩子要疏遠你，而是你先把孩子推開

崧燁文化

目錄

目錄

目錄

前言

時代在發展，人們的觀念亦隨之更新，父母教育孩子的方法也應該有所改變。教育家陶行知先生曾經這樣說過：「教育孩子的全部祕密在於相信孩子和解放孩子。相信孩子、解放孩子，首先要賞識孩子。」那種對孩子指責、棍棒的教育方式已經不適合時代的發展，現在的父母應該學會欣賞自己的孩子，以平和的態度教育孩子，這樣更能培養孩子健全的人格，孩子才能適應社會的發展。

如何培養「好孩子」一直是家長在關心的問題，最讓家長頭痛就是，就是當孩子犯錯的時候，我們如何去處理，才能讓孩子健康成長。其實這件事情並不難，一句簡單的問候話語，甚至只是一種讚許的目光，都會讓孩子感動不已，讓孩子逐漸步入成功，讓自己變得更優秀！

人性當中最本質的需求，就是希望得到別人的認可、尊重、信任和愛，孩子們那種天真無邪的心就是這樣，他們來到人間就是希望得到認可。鼓勵和表揚孩子可以傳達父母對孩子的愛意，家長應該注重孩子的優點和長處，讓孩子從內心中認定自己是一個優秀的孩子開始。而總是對孩子進行打罵的父母，只是看到孩子的弱點和缺點，這樣的教育方式只會讓孩子喪失自信，總覺得自己是個問題兒童。

對孩子少一些責罵，多一些諒解和讚賞，其實想要成功教育孩子並不是一件難事。學會誇獎

前言

孩子就是一種最好的辦法，但是需要一個前提，就是需要家長付出真摯的愛。這種愛是包含著各種情感。用誠摯的內心去感動孩子，可以促使健康成長；及時鼓勵孩子，讓孩子找到自信；尊重和信任孩子，讓孩子自立自強；而寬容和理解孩子，讓他們覺得生活更有意義。

當然，對孩子的教育不是簡單的溢美之詞，也要講究技巧和方法。誇講孩子聰慧，就不如誇孩子勤奮；誇孩子很美麗，就不如誇孩子很善良；誇孩子學習好，不如說孩子進步很快……總之，不恰當的誇獎反而會起反作用。

讚美和鼓勵，讓孩子受用終生，那就是成功教育的典範。因此，請不要吝惜你的讚美語言，哪怕很多人都不看好他父母也應該找到孩子身上的特質，讓孩子找到自信心，讓他們的品格更加堅定，最終成功的步入社會。父母們，學會為自己的孩子驕傲吧！

如果您正在如何教育孩子，希望這本書可以讓您豁然開朗，並且找到教育孩子的祕訣。

第一章　孩子為什麼會犯錯

世上沒有完美無缺的孩子：孩子犯錯很正常

在家長的眼裡，孩子可能是「小錯不斷、大錯不犯」。其實這種看法還是比較有道理的，據有關專家調查發現，在孩子很小的時候會有這樣的做法，把所有的情緒，比如高興、憤怒、痛苦、驕傲、悲傷等全部體驗一回，並在其腦海裡留下記憶。而這些記憶，也會成為孩子以後成道理上的寶貴經驗，透過過往比較，找到解決問題的辦法。

但是現在的父母一旦孩子有錯誤就動輒打罵，他們要求孩子不能有任何錯誤的舉動，每個舉動都要完美無缺。這種要求對孩子來說是很不公平的，因為孩子還處於發展吸收階段，各方面都未達到完善，而犯錯是他成長必然要經歷的，要清楚沒有犯過錯誤的孩子永遠長不大。

我的鄰居家有個小男孩叫家豪，今年快五歲了。有一次，他的媽媽在整理房間時，發現他的玩具桶裡多出一輛沒見過的小汽車。媽媽覺得很奇怪，就問家豪這是從哪裡來的，家豪告訴媽媽說那是幼兒園的小朋友育明借給他的。

家豪的媽媽並沒有把這件事放在心上，可是過了幾天後，媽媽發現那輛小汽車一直都在家裡，也沒見家豪將它還給育明。後來，媽媽和幼兒園的老師說了這件事情，才知道育明的小汽車丟了好幾天了，育明為此還大哭了一場。

媽媽聽老師講了事情的經過，才知道小汽車是孩子偷偷帶回家的，但她並沒有立刻去責備自己的孩子，而是和老師共同想出了一個好辦法。在幼兒園裡，老師帶領著孩子們玩了一個假想遊戲——小白象要回家，讓家豪意識到自己的做法是不對的，還對其他小朋友造成了傷害。於是家豪主動的承認自己的錯誤，並把小汽車還給了育明，還向育明做出了真摯的道歉。

媽媽明知道家豪犯了錯誤，但是並沒有立即去教訓自己的孩子，而是採取了更有效的措施，讓他知道自己的做法非常錯誤，並改正錯誤，這樣的教育方法非常明智。孩子犯一些小錯誤非常正常，但是透過這些錯誤，他們可以清楚自己與別人、與外界之間的關係，知道自己什麼該做，知道自己什麼不該做，明白了這種做法的後果，下次再面對同樣的事情時，就知道如何去做了。

如果父母一刻也不放鬆的盯住孩子，不讓孩子出現任何錯，就會讓孩子缺少社會實踐的機會，讓他缺少這樣的體驗。如果有一天沒有父母的陪伴，孩子在遇到同樣的事情時就不知道怎樣應對，有可能會犯更大的錯誤。父母不可能一輩子伴隨在孩子身邊，讓孩子知道什麼是錯誤的，也是人生中必不可少的一課。

當然，不是說支持自己的孩子犯錯，而是應當順其自然，符合孩子發展的天性，讓他在相對在相對自由、寬鬆的狀態下成長。在孩子的成長過程中，讓他們多一些社會的感悟和經驗，增加一些人生經歷，這樣才能從中學到課本上沒有的知識。雖然表面上孩子是在犯錯，其實孩子可以從錯誤中學到對未來結果的未知，同時更能承受一些不愉快的教訓和壓力，讓其明白，什麼該做，什麼不該做。

犯錯是孩子成長歷程中不可缺少的一課，孩子正在處於一個不斷吸納知識經驗的階段，有很多事情，只能是孩子親自去經歷，只有當孩子親身經歷過，才會有所啟示，幫助他成長。這些都是孩子成長必不可少的因素，孩子在不斷接觸之後，逐步完善自身的人格和習慣。

作為父母，不要把孩子的錯誤看成不可饒恕的事情，也不是在孩子犯錯的時候嚴加斥責。而是要給孩子一個體會完善自身的經驗。父母不妨把犯錯看成一次教育孩子的機會，讓孩子從錯誤中得到收穫。

孩子的缺點往往源於父母錯誤的家教法

在教育孩子的問題上，不少家長不懂得或者不習慣用平等的身分去教育孩子，每當孩子為自己的行為辯解或反駁時，父母就會利用家長權威壓制孩子。這種做法是非常蠻橫無理的，不告訴孩子因為什麼事情而斥責，只是用自己的身分來給孩子施壓。

如果只是偶爾的話，這種方法也許很見效。孩子不會有更多的辯駁，按父母的意思去做。主要是因為沒有反抗的能力，其實他內心並不同意。他仍然會有自己的想法，內心當中還有一種想反抗的情緒。

這種蠻橫無理的行為從來都不會讓孩子心悅誠服。就好像是兩個人吵架，往往理虧的人聲音反而越大，希望借此壓制住對方。父母在沒有辦法說服孩子的情況下，也總是以家長的身分來壓服孩子，實際上說明他沒有辦法說服孩子。不要認為孩子就像是一張白紙，稍微懂事一點的孩子都會清楚。更何況孩子有反向心理是非常正常的，往往越是強制他做什麼，他就會越反抗。

如果總是用這種態度對孩子，就會產生不良的影響，不管你要求他做什麼，他都會生出逃避或是抵抗的念頭。

我的表姐為人非常的和藹，她對自己的女兒特別疼愛，但是她卻不能容忍孩子與其爭辯。每次女兒一爭辯，她就大發雷霆，罵得越發凶狠，什麼難聽的話都會說出來。本來心裡就不服氣的孩子，經她這麼一罵，心裡就更加的反感。

有一次，我的表姐又因為女兒的反駁而爭辯起來，她便勃然大怒，又開始翻舊帳：「要你好好學習，你書不好好讀！從你上小學時，我就開始教育你、罵你，說到現在你一點都沒變！你看看你，上課做小動作，聽課不認真。考試成績又差。除了說話、聊天、上網，你還會做什麼？你就不知道學習，不用讀書了。」

其實這些話，女兒的耳朵已經聽到會背了，也覺得很厭煩。因此聽完了我表姐的訓教，女兒不但沒有聽進去而且有些抵觸，反而對自己的母親更加的反感：「這些事情都過去了，別總這樣嘮叨。」

可見，父母在教育孩子的時候，一定要仔細考慮，絕不能因為自己的情緒，把所有的氣都撒在孩子身上，這種強硬的態度無法讓孩子信服。而是應該從事情的具體出發，冷靜客觀的向孩子解釋利害關係與是非曲直，使孩子真正認識到自己的缺點與不足，從而有悔改的念頭，這樣才能達到教育孩子的目的。

有很多父母總是說孩子不會吸取教訓，犯過的錯誤還是總重複。可是，作為父母，在對孩子進行教育的時候，有沒有想過告訴孩子，為什麼這樣做是錯誤的？如果父母發現孩子做錯了事情，只是一味的打罵、發脾氣，這樣無法達到教育孩子的目的。孩子之所以總是犯相同的錯誤，就是由於教育孩子的時候沒有講清道理，孩子不知道家長教育的原因，所以不會考慮自己錯誤的嚴重性。

有的家長習慣說這樣的話：「說過不可以，就是不可以，你怎麼不聽大人的話？」或是「這件事情要聽大人的，問那麼多做什麼啊！」諸如此類的話，這樣的話只是表示出家長的強權，顯得無禮而且缺乏說服力。

孩子是懂事的，你跟他講道理，他就會認真的聽。就用上面的兩句話來說，完全可以這麼說：「媽媽說不可以去，而是因為下大雨，太危險。」或是「你年齡太小，不明白這些原因，等你以後大了，就知道媽媽為什麼這麼做了。」這樣細心的教導，而他也會認真的聽取。

家長這種蠻橫的行為，還有一個非常不好的影響。有的孩子膽子非常小、軟弱，一般會對父母有恐懼感，父母說什麼都會順從，而自己從來不考慮是非曲直，這樣就讓孩子喪失了思考的權力。父母這樣做雖然孩子很聽話，其實是讓孩子喪失了主見和判斷力，甚至唯唯諾諾，性格更加軟弱。

面對父母的野蠻教育，孩子有時也會有反抗的舉動，這其實證明了他有自己做事的方法，這是件好事。有遠見的父母應該聽取孩子的意見，並給予適當的評價，然後再耐心擺明自己的觀點。如此，孩子也會把自己的意見和家長的意見作對比，從中領悟到是非對錯，這顯然比無禮的指責更加的有效。

一些家長總是在子女面前不講道理的說：「我是大人，小孩就要聽家長的話。」這只能讓孩子產生反向心理，不會讓孩子所信服。

孩子犯錯有時是一種心理需求

孩子在小的時候經常會犯一些錯誤，透過錯誤來感知一些外界的事情和消息，可以獲得對錯誤的認知。孩子年幼的時候就像是動物小時候一樣，要在遊戲中學習攻擊與防守、殘忍與善心、獲得與捨得，才能獲得生存的能力。

有很多家長在教育孩子的時候，從來不重視孩子心理成長與社會行為的有序進行或不關心其本身的需要，急切期望能夠培養符合社會標準的「好孩子」，這種強制性的塑造行為會讓孩子產生很多問題。反之，如果家長只是一貫的順從孩子的行為，有些孩子就會養成一些不良的生活習慣。父母怎樣才能合理的教育孩子？

老同學老王的孩子壯壯今年快六歲了，其實他一點都不強壯，原因是他的祖母、祖父、爸爸和媽媽總是圍在他的身邊。老王說，不能讓孩子犯錯，總犯錯孩子就會學壞。所以，全家人都在把所有讓壯壯犯錯的可能性排除。結果，只要不在他身邊，壯壯就做壞事，今天用球砸別人家的玻璃，明天欺負別人家的狗。每天，都會有人來找老王理論。壯壯做了壞事，就會躲起來，家人不得不向別人道歉。

每個孩子在成長的過程中，每個年齡層的孩子都會出現相同的錯誤。一歲：愛哭，纏人；兩歲：吃飯不專心，發音不清楚；三歲：亂扔東西，到處亂畫；四歲：調皮，違逆，惡作劇；五歲：說謊，欺負別的小朋友、小動物；六歲給家裡找麻煩，搶別人的東西，砸玻璃；七歲：愛做小動作，貪玩，不愛學習；八歲……有關專家調查發現，孩子在很小的時候，心靈就像是一張白紙，需要對所有情緒都要進行一次嘗試無論是高興還是悲傷，無論是平淡還是匆忙，在「紙上」留下一些痕跡，今後的日子裡這些痕跡都是可以參考的資料。在面對複雜環境時，孩子透過對以往的回憶，找到較為合適的應對方法。就向自身免疫系統的形成，一歲～三歲是黃金時期，過了這個時期，就是在免疫系統形成之前，可能就會出現一些問題，需要家長能夠重視。

犯錯在心理上是一種需求。孩子小時候犯錯實際上就是一個心理的免疫過程，小時候沒有經歷過的，長大以後就是一種欠缺，內心總有些不安寧。有時會以冒險的行為去嘗試那些自己沒有體驗過的。孩子在兩歲～五歲時，有很多不良的情緒：生氣、反對、仇恨、嫉妒、悲傷都需要適當的發洩，從中學到如何控制這些情緒的方法，學會節制。孩子出現的錯誤也是有年齡劃分的，四歲孩子站在大街上尿尿，別人只會覺得好笑，十三歲的孩子還站在大街尿尿就會認為心理有問題。同樣，如果小孩子虐殺小動物，遭受過家長的責罵，長大了就不會去動物園傷害動物，這可能就是一種幼稚行為的推遲。在孩子成長的階段，應該犯的錯誤沒有犯，到了不該犯錯的年齡層，卻用幼稚的行為去填補，那真是有些得不償失。

我們在生活中不難發現，沒有犯過小錯的人經常會犯大錯誤，究其原因，沒有對錯誤的觀念有一個認知。沒有規定說小孩子不能犯錯，犯錯也是孩子成長不可缺少的！就如同壯壯來說，他就是因為家長過於嚴苛，只要在家長不在的情況下就會有犯錯的衝動，解決的方法就是讓他感受這個過程，去面對責備，接受懲罰，和人家說一聲對不起。這樣有利於自我內心的調節，知道外面世界是有約束的。二是遭受一些挫折是必要的，經歷到擔心、難過、後悔是什麼樣子的。三是掌控心裡的欲望與現實世界的變化，慢慢把對外界的不滿轉化成健康的方式（如運動，競賽）。從積極的角度看，每個孩子都有欺負其他孩子的舉動，也可能受到別人的欺負，從中知道如何保護自己。破壞東西、虐殺小動物，從中明白珍惜、憐憫和責任感。在撒謊中得到教訓，從中知道誠實的重要，學會保持緘默或者運用一些模凌兩可的話語應對麻煩。與父母產生矛盾，心中不服，謾罵，抵抗，砸別人家的玻璃，從中知道協調關係和分析形勢，明白服從與心理平衡的掌控。翹課，不按時完成作業，上課不專心聽講，知道獲得自由是有先決條件的，一時的放縱可能會帶來長時間的困擾。比較嚴重的錯誤，比如打架鬥氣，拿別人的東西，說後果嚴重的謊話，侵害別人利益，總是離家出走等等，這些事情都是很糟的錯誤，但孩子還會從中有所收穫，知道發生之後會怎樣發展，承受應有的處罰和社會壓力，感受到焦慮與孤獨等等。

當然，並不是鼓勵孩子去犯錯，順其自然就可以了。犯錯也是需要一定的膽量，沒有膽量的孩子是不敢犯錯的。研究發現，思維活躍的人犯錯的機率要大一些，錯誤的程度也要大一些，發明家愛迪生小時候做實驗，曾經炸毀過一個實驗室。可以說，敢於犯錯的人都是一些有理想人，關鍵是犯錯的年齡層要把握好，在該犯錯的年齡層犯一些該犯的錯誤。小孩子如果做的事情過於出格，就會對孩子的未來發展造成影響，父母有時候不得不為孩子所犯錯買單。要讓孩子不會出現嚴重性的錯誤，必須讓孩子清楚犯小錯會產生什麼樣的後果。那麼，知道孩子的做法不可取，家長是任由其繼續發展還是加以干預，這要看犯錯後孩子是否勇於承擔責任，如果不能承擔，讓他了解後果是非常重要的，不讓他犯不該犯的錯。

孩子犯錯考驗家長

孩子有了錯誤就像是考試中遇到了難題，父母就要扮演老師的角色去幫助孩子分析解決難題。首先是孩子行為的出發點。如果出發點是好的，首先應該表示贊成，以減少孩子的焦慮情緒；再去看做事的方法是否正確，方法不錯，或有值得肯定的地方，要肯定他，讓他知道自己的做法還有一定的價值；最後看結果如何，為什麼會出現錯誤。孩子開始的做法可能是對的，父母需要讓孩子知道不僅要滿足自己的需求，還需要得到別人的贊成，要得到認同，就需要遵守大家一直堅持的原則，告訴他遇到事情應該運用什麼樣的處事原則。透過這樣的引導，孩子很快就會從錯誤中明白很多知識，相同的錯誤不能出現兩次。犯錯有幾種分類：一是無心之錯，源於是孩子的基礎不足，對後果沒有預知的能力，這些錯誤是可以避免的。二是有意之錯，出發點是好的，好心辦壞事，弄巧成拙，比如想幫媽媽做家事卻打破了碗。三是無理之錯，發洩心中的怒火或者報復別人，做一些損人不利己的事，無法協調本能與外界的關係。只要我們讓孩子注意不要總犯相同的錯誤，或是不要犯那些不好的錯誤就盡到了做父母的責任。

要讓孩子在錯誤中有所領悟，家長一定要在兩個方面不要有不好的傾向：一是竭盡全力去防止孩子出錯，一旦犯錯就想盡辦法讓孩子避免懲罰，以為孩子犯錯就是家長沒有教育好，要替孩子受過。其實並不是這樣的，再好的父母也不可讓孩子從來都不出錯，但對於擁有良好教育的人來說，應該讓孩子在錯誤中得以提高。二是不要過度嚴厲懲罰，以為不管孩子的年齡多大做錯了事，是品行或道德問題，總是把錯誤看得太重，把事情想像的無法收拾，甚至對孩子進行苛責打罵，使小錯誤成為心理的創傷，而且孩子內心對犯錯沒有認識，而是被深藏在內心當中，成為一種心理情結，減少了孩子抗拒壓力和面對社會的能力。

糾正孩子的錯，家長就應該有一個良好的定位，很多父母在遇到孩子犯錯時都難以冷靜對待，這也是可以理解的，因為家長也是普通人。孩子有時候犯的錯可能還會揭開家長早年的創傷，沒有考慮就糾正自己幾十年前犯過的錯誤。對孩子犯錯的態度展現出了父母以前對錯誤的情節，要注意孩子的年齡以及承受能力，就可以防止家長過度管理。在家長與孩子關係好，孩子遭受家長的「教育」，心裡的創傷比較容易接受；如果家庭矛盾比較偏重，一句不恰當的話，可能孩子就會記仇。應對孩子犯錯的方法：孩子在兩歲前，父母不要打罵對方；兩歲～五歲，父母要對孩子的錯誤，表示鼓勵而不是否定；五～十二歲，說明孩子在錯誤中得到啟示，學習社會生活的一些規則和習慣；十二～十六歲，如果孩子性格開朗，有較強的心理承受能力，對錯誤的批評引發其對世界觀的形成，對性格不是特別活潑的孩子應該特別關注。對品格、素養的培養，父母不要心急，要對自己的孩子有信心，孩子自然也會健康快樂的成長。

要對孩子的錯誤寬容

在孩子犯錯的時候，家長應該持寬容態度。這樣不僅可以讓孩子的心靈得到安慰，更重要的是可以透過孩子的錯誤讓孩子吸取經驗和教訓。如果總是以批評、打罵的方式教育孩子，只會讓孩子的心靈受到傷害，反而不會意識到事情的嚴重性。這樣他以後發生類似錯誤的時候，就會想辦法把事情的真相隱瞞，逃避責罰。

其實有時候，孩子的錯誤可能出於善良的本意，正所謂好心辦壞事，很多時候孩子都是這樣的，因為孩子的內心比較單純，他不知道自己善意的做法會不小心給父母造成傷害。在這種情況下，父母應該體諒孩子，寬待孩子的錯誤，要讓孩子在慈愛中吸取教訓，得到成長和進步。

我的朋友張強是一位收藏愛好者，喜歡收藏字畫。後來，他花了近十年的積蓄，買了一張非常昂貴的畫，並把它當成寶貝一樣看待。有一天，張強正在屋子裡欣賞這幅難得的佳作，突然電話響了，於是他趕緊回屋裡去接電話。

這時。碰巧張強六歲的兒子從外面放學回來，他看到了爸爸放在桌子上的那幅畫，突發奇想：要是我把我在幼兒園畫的畫放在這幅畫上面，作為送給爸爸的禮物，爸爸一定會高興的。於是，他高興從書包中拿出了畫筆，在爸爸的「寶貝」上認真畫起來。

等爸爸在屋裡接完電話，一出來看到的就是那張字畫被兒子畫得一塌糊塗。他一下子憤怒了，怒火讓他燒紅了眼睛，也燒掉了他的理性，甩手就給了孩子一巴掌。孩子的身子立時飛了出去，頭撞到了桌角，立時血就流了下來……

等他發完了脾氣，漸漸恢復了理智，孩子已經被送進了醫院，因為失血過多暈了過去。而兒子甦醒之後的第一句話，就是懦懦的說：「爸爸，我知道錯了，我只是想把那幅畫送給你作禮物的，我以後再也不會在你的畫上畫畫了！」張強看著孩子頭上包紮的傷口，聽著孩子的認錯，放聲大哭，後悔莫及。

這個故事讓人揪心，這個錯誤產生的後果未免太大了！雖然畫已經壞了，但是孩子的胳膊和純潔的心靈呢？孩子的行為本是一番好意。只是方式有誤，就因為這樣善意的失誤，而責罰孩子，這對孩子的心靈是一種極大的傷害。

孩子在不斷成長過程中，犯錯是非常正常的，應該允許孩子打破東西或者是辦錯事。對於自己不小心所造成的破壞，孩子的內心也是會愧疚的。如果家長不能在這種情況下寬慰孩子，也許造成的傷害是無法彌補的，像這個故事的父親一樣，後悔已經晚了，留給孩子的是無法彌補的痛。

所以，如果自己的孩子做錯了事情，父母應當體諒和寬容孩子，而不是謾罵和批評孩子。謾罵和批評不僅不會達到好的作用，還會對孩子造成傷害，甚至給孩子心中留下很深的陰影。孩子也會因為擔心父母的指責，而故意隱瞞或欺騙父母，不願意把真實的情況告訴父母。

父母要清楚，再貴重的東西都比不上自己的孩子！同樣都是因為孩子亂塗寫，但結局卻大不一樣：

前不久，我同事李姐搬了新家。最高興的就是女兒蘭蘭，看著已經裝修好的屋子，她心裡面別提多高興了。有一天晚上，李姐和老公都在公司加班，只好讓年幼的蘭蘭自己一個人在家。等李姐下班回家一看，發現潔白如紙的牆壁，被蘭蘭畫得亂七八糟，畫下面還有歪歪扭扭的字「爸爸媽媽我愛你們！」。

李姐頓時啞口無言，而女兒沒有意識到自己的錯誤，一看到媽媽回來了。就高興撲過來抱住媽媽，說：「媽媽，你看我畫得好不好啊？」

李姐望著蘭蘭期待的目光，放棄了原想責罵女兒的念頭。她撫摸著孩子的頭，親切對她說：

「寶貝，你畫得真漂亮，謝謝你送給我們的禮物，爸爸媽媽也同樣愛你。不過，如果有人在你白嫩的小臉上寫上字，你會高興嗎？你肯定會傷心吧？」說到這裡，媽媽拍了拍孩子的小臉，孩子表示贊同：「是啊，如果有人在我臉上畫畫，我會很難過的。」

李姐笑了笑：「那你看這麼乾淨的牆壁，被你畫上了畫，又寫了字，它也會很難受啊。所以以後不要往牆壁上畫畫了，應該在自己的圖畫本上畫，那樣欣賞多好啊。」蘭蘭看了看亂七八糟的牆壁，又摸了摸自己的臉蛋，非常後悔的說：「媽媽我錯了。」

李姐聽了很高興：「乖！這才是媽媽的好女兒。媽媽知道你的好意，所以不會怪你。不過星期天要和爸爸媽媽把牆壁弄乾淨，好不好？」孩子高興說：「好啊，好啊，我也要給牆壁洗臉，讓它和我一樣雪白乾淨。」

李姐是一位負責的好母親，她遇到孩子不小心塗抹了家裡新刷的牆壁時，並沒有打罵孩子，而是給予了孩子寬容和安慰，讓孩子能夠正確的認識自己的錯誤，明白自己的做法是不對的，這樣可以讓孩子更清楚的意識到自我的錯誤。

如果遇到這些心存善意但是做法錯誤的孩子，父母應該對孩子善意的思想而讚美，然後再幫孩子分析錯誤的行為，並指引他向正確的方向前進。

世上所有的人都是經歷錯誤成長起來的，從某種意義上講。孩子犯錯並改正的過程就是他成長的過程。所以要在孩子面前多留一份寬容。才能引導孩子從錯誤的行為中走出來。

允許孩子失敗才能看到成長

人的一生不可能是一帆風順的，難免會遭受各種程度的困難和失敗：失敗，對於孩子也是一樣的。有些家長望子成龍，望女成鳳，不允許自己的孩子出現任何錯誤，為了孩子的前程，他們處處小心謹慎，不讓孩子有任何失敗的可能。可是這樣的做法真的會對孩子達到好的作用嗎？

有這句名言：「失敗為成功之母。」我們靜下心來去想，誰又從來沒有接觸過失敗呢？我們每個人都會遭受不同的挫折與失敗，只有經歷過失敗，才知道成功的不易。當孩子失敗過，如果你總是一味的苛責，只會讓他的情緒更加波動，心情更加的沉重，讓孩子總是在失敗的陰影中徘徊。

我的侄女小偉是個非常懂事的孩子，在家的時候，她總是希望為父母分憂，總是主動去洗碗或是掃地。有一次，她又主動要求洗碗，可是一不小心，將碗摔到了地上，結果母親大發雷霆，還讓她以後不用管家裡的事。劉偉非常難過，其實她也不想把碗摔壞，為什麼媽媽就不能原諒她一次呢？

還有她自己洗的衣服，媽媽總是說洗得不乾淨，總是要拿去再洗一次。而且在她每次考試前總是說：「這次考試一定要考好啊！你要是考不好，就別回家吃飯了！」每次媽媽這樣「教誨」她，都讓她忐忑不安，更加緊張，考試的時候很難發揮出平常的水準，結果通常是考砸了。

其實每個孩子都希望自己有個好成績，家長越是不允許他失敗，孩子內心的壓力也就越大，精神也就越緊張，這樣怎麼會有理想的成績呢？有的父母總是告訴孩子，「一定要考好！」「不要吊車尾！」「一定要爭光！」「讓別的父母看看！」這些都會影響到孩子考試的發揮，讓孩子緊張有壓力。

這種做法比較不實際，也不符合邏輯，將心比心，我們曾經經歷過童年，誰不是在困難當中走過來的？誰能說自己從來沒出過錯？孩子失敗後心情已經是很失落了，做父母的並不是去安慰他，反而去斥責他。這樣會讓他的心情更加的壓抑，更加害怕面對失敗。孩子越是擔心失敗，心情反而越是複雜，越容易導致失敗。

在孩子遇到失敗的時候，作為父母，應該學會去安慰孩子，引導和說明孩子從陰影裡走出來，鼓勵孩子勇於嘗試，不要畏懼失敗，讓他在的失敗中得到啟示，累積經驗，給他可以自己實踐的機會，這樣才能讓孩子漸漸走向成功。

本田汽車的創始人本田宗一，也是世界知名企業家。雖然他是那樣的風光無限，但是他也有失敗的經歷。在他小的時候，被稱為班上的「倒數」。因為無論讓他做什麼，總是失敗，學業成績也非常的不理想。然而，對於這樣不美好的童年，本田先生的看法確是與眾不同的，他說：「正是因為當時的失敗，才培養了我能進行獨立思考、具有靈活性和創造性的大腦。」

可見失敗不見得就是一件壞事情，孩子的失敗並不可怕，相反還會對以後的成長有所幫助，可怕的是家長不允許孩子經歷失敗，讓孩子的內心充滿壓力。只有當父母讓孩子正視失敗，並從失敗中了解孩子，培養孩子時，找到教育的契機，才能讓孩子不斷健康的成長。

朋友老米結婚比較晚，自然要孩子也比較晚。婚後不久就有了小米。老米一家對她寄託厚望，努力教授孩子知識。有一次，老米愛人在教小米學習中文的時候，小米總是分不讀法，老米愛人講了好幾遍她都沒弄清楚。這下老米愛人心裡氣急了，一時控制不住，大聲的罵了她一句：「怎麼都教了這麼久了還分不清楚呢？！」小米怯生生的看著老米愛人，淚水在眼裡打轉，不知所措。

見小米傷心難過又恐懼的樣子，老米愛人的心也痛了，她冷靜了下來，知道了自己的語言刺傷了孩子，這會讓孩子越來越怕自己。於是她主動和孩子說對不起，並告訴小米今天就學到這裡。到了第二天，老米愛人更加仔細的講解了語法，她讓孩子先自己觀察文字共同處與不同處，然後語調放緩，再給女兒讀了幾遍。就這樣，小米終於能分清這兩個文字了！

而老米愛人對小米進行表揚以後，又努力的幫孩子總結學習方法，並且鼓勵她，讓小米明白，一次失敗沒有關係，重要的是要在失敗中得到啟示，這樣才能走向成功。

老米的愛人可以說是冷靜、明智，她明白孩子經歷失敗是不可避免的，所以允許孩子失敗，並及時讓孩子擺脫失敗，幫助孩子找出失敗的原因，讓孩子不斷提高能力。

本田宗一郎曾經這樣說過：「不能怕失敗，之所以不能怕失敗，是因為一旦怕失敗就什麼也做不成了。」而事實證明，「允許失敗」要比「不准失敗」更能避免孩子犯錯，讓孩子走向成功。即使父母清楚孩子可能會失敗，還是鼓勵讓孩子去試試，只有這樣，才能幫助孩子從失敗走向成功。

有一位知名學者曾說過：「不嘗試就無法知道成敗」。因此，父母應當具備允許孩子經常失敗的耐力，要意識到沒有失敗，又何曾會見到成功。

有比指責更好的教育方法

有許多家長，在孩子犯錯的時候，經常會加以指責。其實，指責未嘗不可，但是這種做法，對孩子來說，並不會達到好的作用，長此以往，可能還會有排斥感。所以在教育孩子的過程中，不妨採用一些其他的方法，既不會傷害孩子的內心，還會達到一種積極的引導作用。

我姐姐的女兒瑤瑤是個很調皮的孩子，有一次，我姐姐因為辦事情不是很順利遭到主管的批評，正在桌子邊上生悶氣，這時候瑤瑤從外面走了進來，她問媽媽：「媽媽，你怎麼不高興？誰惹你生氣了嗎？」

媽媽怒氣未消的告訴瑤瑤：「沒什麼，我是為自己生氣！」瑤瑤感到非常好奇，又問：你自己會生氣啊？真奇怪。」我姐姐見瑤瑤，一副很驚奇的樣子，就問他：「難道你有錯的時候，從來就不生自己的氣嗎？」

瑤瑤淡淡說：「我犯錯的時候你不是打就是罵，我已經受到懲罰了啊，還有什麼氣可生啊？」我姐姐又問他：「那你知道自己犯了什麼樣的錯誤嗎？」瑤瑤無所謂的說：「你只是教訓我了，也沒告訴我，到底是在哪出錯了。」

我姐姐聽後非常的吃驚，自己終於明白孩子每次挨打之後都會自己說「下次再也不敢了」，但是下次同樣的錯誤還是再犯的主要原因。媽媽在這個時候才知道自己的教育方法存在問題。

如果孩子一出現錯，父母就採取打罵斥責的態度，只能對孩子達到恐嚇作用，不會讓孩子從中吸取教訓。有的孩子可能只是在父母的權威之下，短時間內中規中矩；但對於那些脾氣倔強的孩子，打罵只會在內心當中反感自己的父母，父母越是高壓管制，他就越是胡作非為，無法無天。

在對待孩子犯錯這個問題上，有比斥責更見成效的方法，那就是在鼓勵之中教育孩子，改正錯誤。孩子畢竟年齡比較小，犯錯難免杜絕的。這時候，父母不應該採取偏激的方式對待孩子，而是讓孩子意識到自己的錯誤在哪裡，為什麼會出現這樣的錯誤以及以後該如何改正這個錯誤。

有一天，朋友老張被孩子的老師約到辦公室「討論」問題，知道張雷曾在學校花錢請同學吃飯，他覺得很詫異，張雷怎麼會有錢請同學吃飯呢？於是在張雷放學回家之後，爸爸就問他：「你請同學吃飯了啊？」

張雷一聽，嚇了一跳，吞吞吐吐的說：「其實是這樣的，因為我前幾天剛被選成班級幹部，所以同學們才吵著讓我請客。」爸爸又問他：「他們說讓你請了？你怎麼會這樣聽話？」

張雷低著頭回答說：「他們請我吃過飯，所以我也只能回請一回。」爸爸又問：「你怎麼會有錢請客吃飯？」張雷的聲音更小了：「是，我是從您的錢包裡拿的。」

「我的錢包？你在哪看見我錢包的？」

「前些天趁您洗澡的時候，在您的口袋裡，拿了兩百塊錢。」

老張聽完脾氣很大，這不是偷嗎？可是沒有發火，對張雷說：「你知道自己錯在哪裡了嗎？」

張雷支吾著說：「我，我不應該拿您的錢。」老張點了點頭，又問：「可是你的同學讓你請客，你沒錢怎麼請呢？」張雷一震，他顯然沒想過這個問題：「這，我沒有想過。」

老張呼出一口氣，語重心長的對張雷說：「孩子，你們還小，你們現在的主要任務是學習，不要向社會那樣學著相互請客。還有，雖然你拿的是我的錢，可是這也是偷盜行為，知道了嗎？」

張雷羞愧點了點頭，飽含歉意的對爸爸說：「我明白了。」老張見他，真心悔過，又說：「以後遇到這種事情，應該與我們多交流，而不是自作主張去請同學吃飯，更不應該從我口袋拿錢。如果你事先告訴了我們，我們會給你一個好的建議，這樣不是更好嗎？」

張雷聽了忙保證說：「我不會再出現這種情況了。」

老張聽了張雷認真的保證，心裡的氣也消了：「好吧，爸爸相信你，知道改正才是好孩子。你看這樣好嗎？以後爸爸每天都給你三十塊錢的零用錢，由你支配。不過你要把花錢的地方做一個記錄，讓我和你媽每週都檢查一次，如果出現忘記記錄，或是記錄有錯的情況，就要取消你一週的零用錢，你覺得怎樣？」

張雷聽了很高興：「真的嗎？我以後就有自己的零用錢了！我保證用好每一分錢，不讓自己的記錄出錯。」

後來，張雷果然在每次花錢後都會向父母彙報，而且做好了詳細的記錄，每週都會把這個記錄給爸爸媽媽過目。而張雷從此以後再也沒有亂花過一分錢，真正做到了節約勤儉。

這個案例中的爸爸知道讓孩子如何改掉自己的錯誤，明白只有寬容和讚美才會讓孩子認識錯誤，並改正錯誤，而他的方法也非常成功，讓孩子在寬容中非常清楚的認識自己的錯誤，找到孩子犯錯的原因，說明孩子分析錯誤存在什麼地方，引導和說明孩子改正錯誤。

父母們應該明白：小孩子犯錯上帝都會原諒。就好像只有迷過路的孩子才會記得回家的路，而孩子只有在犯錯的過程中體驗人生，才能不斷走向成熟，邁向成功。所以如果孩子出現錯誤，不要斥責和打罵，而是應該學會寬容，先了解孩子為什麼會犯錯，然後再幫助孩子分析錯在哪裡，並引導孩子改正錯誤。

法國作家羅曼．羅蘭曾說過：「人生應當做點錯事。做錯事，就是長見識。」孩子在成長過程中，不斷犯錯也是在所難免的。因為他們的思想還不成熟。正是因為孩子總是不斷的犯錯，才能讓他一步步的成長。

接受孩子的弱點

身為家長，都認為「孩子是自己的好」。不過也有父母認為別人家的孩子比自己的孩子強，或是朋友的孩子上了重點中學，或是鄰家的孩子得到學校的獎勵，或是在街上看到別人的孩子比自己的孩子漂亮，總之就是對自己孩子不滿意。

比如說，有的孩子在課堂上非常安靜，有的卻很調皮。其實這些個性本無高低之分，但是父母和老師卻習慣把那些好動、調皮的孩子當成是壞孩子，一旦孩子被認定為壞孩子，他做的所有事情都會被認定為是錯誤的，於是常常被父母不分緣由的責罵、批評。事實上，父母自己應該樹立正確的教育觀念，承認孩子有獨立的思維世界與生活方式，也有自己的缺點，應該讓孩子取得更多的尊重和信任。好的教育模式就是注重個性的差異。父母應該能夠發現孩子的優點，並加以引導，使孩子的成長更加健康。認同孩子的優點，才能正確的理解孩子，增進與孩子的友誼。

有一個關於美國總統杜魯門的故事，有一天，一位客人來拜訪其母親。並向這位母親表示祝賀。

客人對他的母親說：「您可以培養出這樣優秀的孩子，你一定感到十分自豪。」他的母親微笑回答：「我非常自豪。不過，我不光有這一個兒子，還有一個兒子。他現在正挖馬鈴薯呢，同樣也是我的驕傲！」

總統的兄弟是一個農夫，但是，母親並沒有覺得當農夫是件丟人的事。對她來說，都是讓她可以自豪的，總統也好，農夫也罷。

有記者採訪他的弟弟的時候，弟弟是給哥哥和自己作評價的：「我有這樣的哥哥非常驕傲，他會成為一名優秀的總統。但我也為自己感到驕傲，我是一名農夫，透過自己的勞動，養活了自己，照顧了父母。」

自從世界出現人類以來，人與人之間的差異也就隨之產生。這個現實是不可否認的，有些孩子的智力要比一般孩子高，同樣，有些孩子的智力不是很高，即使後天非常努力，這些智力上的差異也很難彌補。這個時候，就要求父母應該正確的對待孩子，坦然接受，幫助孩子找到自己適合的路，才能讓孩子有所成就。

下面這個故事，可以讓父母從中得到啟示。

在廟裡有個老和尚，在他的身邊有一幫虔誠的弟子。

有一天，他吩咐徒弟每人到南山打一擔柴回來。弟子們立刻走到離山不遠的河邊，但是由於下暴雨，洪水由山而下，過河去砍柴是不可能的了。

無功而返，弟子們心裡都非常沮喪。

唯獨一個小和尚卻非常坦蕩。

師父問是什麼原因，小和尚從僧袍裡拿出一個蘋果，遞給師父說，河過不去，柴打不到。但是在河邊有棵蘋果樹，我就把那棵樹上的蘋果摘下來了。

後來，這位小和尚成為了廟裡的住持，成為了一代宗師。

在人生的許多事情上，即使結果並不是很理想，也要比不了了之好。人生是一個不斷沉澱的過程，挫折是難以避免的，即使跌倒了，你要學會從中得到啟示。孩子的能力都是不同的，他總是在一些方面存在著不足。這時候，如果連自己的父母都不看好他，甚至嘲笑他，那孩子就更加的自卑，甚至自暴自棄，從而把孩子的一生毀掉。

如果孩子真的有一些不足之處，父母也應該充滿信心。對於那些缺點明顯的孩子，父母更應該學會鼓勵和鼓舞，給他生活的自信和勇氣。有時候，你可以說一些善意的謊言，巧妙的鼓勵孩子一下，讓孩子在謊言中不在意自己的缺陷，抹平心中的自卑。

一天，兒子從幼兒園回來，非常難過的對媽媽說：「媽媽，今天老師教我們摺紙，大家都會了，可是我怎麼也學不會，我是不是很笨啊？」

「老師叫你們都摺了哪些？」媽媽問兒子。

「就是摺紙小船，還有飛機什麼的。」兒子說。

「那都學不會啊，你可真夠笨的！」媽媽順口搭音。

兒子聽到媽媽這麼說，心裡更加的自卑。他一轉頭，從媽媽身邊走開了。他再也不想學摺紙了。

這位媽媽根本不知道，她的隨口而出的一句話，會讓孩子心中充滿傷痛。當孩子覺得自己做得不滿意的時候，他會對自己的智力持懷疑態度。他往往會到家長那裡學求答案，這時候，父母不應把事情說得太嚴重，應該寬容、鼓勵孩子，讓孩子保持自己的自信心。

面對現實、讚賞孩子的價值，不僅僅只是讚美孩子的優點，也不僅僅是鼓勵孩子更加的勇敢，還包括如何正確看待孩子的缺點、不足甚至是身體的殘缺。透過讚美和鼓勵孩子，可以幫助孩子克服不足、彌補缺陷，從而健康快樂的成長。

面對那些有缺點的孩子，父母不僅要學會安慰、鼓勵，讓孩子找回自信，更應該注重發現孩子的優點和長處，幫助孩子在生活中獲得自信，創造人生的輝煌。父母應該注意以下幾點：

．仔細的了解孩子

有的父母認為學習好才能有出息，但是孩子的學業成績不好即使逼迫孩子也很難見到成績的提高。因此，父母應該對自己的孩子有所了解，看看他有哪些興趣和愛好，在哪些方面有天賦，重視孩子除了學習以外方面的培養，對孩子的未來更有益處。

．承認人與人之間的差異

每個孩子都不可能是完全一樣的。大多數父母喜歡把孩子進行對比，而且總拿自家孩子的不足和別人家孩子的優點比。這樣做實際上沒有看見孩子之間的差異。父母應當承認孩子之間有所不同，幫助孩子找到自己的優點彌補不足。

・把孩子的優點擴大

父母發現孩子的一些性格特點，不要進行塑形和打壓，可以針對這些特點，找到孩子的興趣並加以開發，鼓勵孩子將自身的特點變成長處。

如果孩子的缺點是與生俱來的，而父母不注重實際情況，恨鐵不成鋼強加指責、冷嘲熱諷的對待孩子，會給孩子的內心造成很大的傷害。所有的人都可以譏笑他，都可以遺棄他，而父母不可以這樣做。

只有父母能讓他找回自信，讓他能夠正視自己的不足，發揮自己的長處，健康積極的成長，對待人生。父母應該盡力的表揚孩子的優點，避孩子所短。讓孩子能夠健康順利的成長。

正確對待孩子的「壞脾氣」

每一個孩子都會有發脾氣的時候，有關專家認為，當孩子發脾氣的時候，父母應當表示理解，然後採取適當的方法，這樣才能讓孩子的心情變好。

當孩子學會走路的時候，就希望自己可以嘗試一些活動。比如：在吃飯的時候，自己可以餵自己，可能因為沒用過湯匙，浪費的比吃進去的還多，最後乾脆用手抓。這時，很多父母都會忍不住，抱過孩子餵他吃。其實為了培養孩子的獨立性，父母最好不要去阻止他。

當孩子的表現是出於自發的時候，常常想做一些自己做不到的事情，而且如果自己做不好，還會大發脾氣，不是又哭又鬧，就是在無理取鬧，或者是到處丟東西。對於父母來說，這種事情的確非常傷腦筋，他們總是非常習慣的教訓孩子：「不可以！」「不能！」要麼就是立即讓孩子的要求得到滿足。

我們在商店玩具櫃檯就會經常看到這種情形：一個孩子讓父母買某件他喜歡的玩具，但是父母不答應，於是孩子就會撒脾氣，在商場不斷吵鬧，甚至在地上耍賴。而父母擔心自己沒面子，趕緊滿足孩子的要求讓孩子停止哭鬧。

其實這樣的做法就會讓孩子以後的脾氣更加的難以應付，因為孩子覺得，只要自己一發脾氣，在人前大鬧，就可以得到自己想要的東西。於是，每當孩子想要某件東西，而父母又不答應時，孩子就會不停的哭鬧，迫使父母滿足自己的願望。長此以往，孩子的狀況會越來越糟，脾氣也會越來越大，人也會非常的急躁、粗暴。

一天早晨，思思被我的表姐夫狠狠得揍了一頓。

原因是思思的媽媽早晨起來盥洗，結果思思醒來以後沒有看見媽媽，就哭著喊著找表姐，表姐夫將思思抱在懷裡，思思的媽媽聽見哭聲就過來了，思思還要哭著找媽媽。而且平常起來就尿尿，卻因為哭得非常的厲害，身子就是不配合，還說要尿在褲子裡面，你說這孩子，是不是很氣人。

表姐夫強迫思思先尿尿，這孩子卻是非常的倔強，父女互不相讓，這個時候表姐夫真是忍不住了，思思的哭聲也越來越大，表姐一般是把思思放在床上，不理她，先去吃早餐。留下了思思與表姐夫「對決」，聽見臥室裡面傳來了打鬧的聲音，思思哭聲越來越小，表姐吃了一半就偷偷的看思思，看見思思自己在穿衣服，看見媽媽立馬就哭了起來。一看已經尿過了，說孩子哭著的時候還在喊媽媽呢。

穿好衣服將思思帶到客廳，然後找了一個新買的玩具放在她手裡，基本上思思已經恢復了正常，但是表姐夫還是非常的生氣，是生孩子的氣也生自己的氣，他總是控制不住自己的情緒，衝孩子大喊大叫，讓思思對爸爸產生了恐懼感，但其實他非常愛思思。事後還是非常的後悔，不應該和孩子嚷，不該打孩子。他對表姐說「每次對孩子進行打罵，打完以後，我心裡非常的內疚、鬱悶」「但是我一看她苦」「看到孩子非常的害怕，我心裡過意不去……」

其實孩子的「壞脾氣」不是與生俱來的，很多情況都是讓父母慣出來的。當孩子第一次的要求被父母妥協時，就以為發脾氣可以讓父母滿足自己的願望，父母擔心孩子的嗓子會哭壞，或是在眾人面前丟臉，往往會妥協孩子。這就會讓孩子覺得發脾氣是一種獲得滿足的方法。於是為了滿足這些想法，孩子就開始不停的發脾氣，最終就讓自己的脾氣非常的壞。

孩子愛發脾氣的原因很多，有的是因為挫折或勞累而發脾氣；有的是為了讓父母注意自己而發脾氣；還有是搞怪惡作劇發脾氣。在孩子吵鬧的時候，父母不能總是打罵或者順從，而是應當了解孩子為什麼會發脾氣，盡量從孩子的方面考慮，安靜注視觀察孩子，耐心的等待孩子停止哭泣。

孩子在發脾氣的過程中，正是他成長的一個階段。而這段暴躁的脾氣，也是孩子在成長過程中必然經歷的，父母應該明確這一點。不要因為孩子發脾氣而責斥他、打罵他。或者一味的順從。

孩子有犯錯的權力

孩子總是那樣大錯誤不會犯，小錯誤不斷，對於家長來說這是經常遇到的問題。可是據有關專家調查發現，沒犯過小錯誤的孩子，一犯錯就不小。究其原因，對犯錯沒有認知。從這個意義上說，犯錯也是孩子的一種特權，也是孩子在成長過程中必不可少的一課。其實，在父母眼中的所謂錯誤，是孩子需要累積的經驗。孩子在不斷出現錯誤的過程中，正是在不斷的自我提高、自我完善。假如不讓孩子犯錯，他們就不會主動嘗試、懶於動手、總是依賴，性格就會變得內向、優柔寡斷。

一次坐公車，看見一個六七歲的小男孩兩隻小手抱著一大瓶果汁，男孩口渴了，想喝瓶子裡面的果汁，結果車開動了起來，撒得他全身都是。他媽滿看見了，立刻怒目橫眉，無明火起，當著眾人的面前大聲斥責孩子：「你老是這麼笨手笨腳的，請你小心一點，還是灑了一身，你還能做什麼？」男孩的膽子非常小，連個聲也不敢吭，一不留神瓶子就掉在了地上，果汁又灑了滿地，媽媽氣呼呼的撿起瓶子：「我怎麼會有你這個笨蛋兒子……」

也許，你曾經看到過這一幕，或者是有相同的經歷。其實，請不要過多的干預孩子在幼年成長的行為，因為犯錯也會有一種人生體會。

有位知名的科學家小時候也是不斷犯錯，不過他的媽媽處理的方法卻是與眾不同：在他兩歲的時候，一次他想從冰箱裡拿牛奶，但是沒拿住瓶子掉在地上，牛奶灑了一地！媽媽過來，並沒有斥責，沒有教訓，更沒有打罵。相反，她說：「寶貝，你居然能做出這麼多的垃圾！我還沒有見過如此大灘的牛奶！既然已經這樣了，兒子，你願意在這牛奶堆裡洗個澡嗎？」「當然！」小孩子高興玩了一會兒後，媽媽又說：「不管怎樣，你把地板弄的太髒了，你得打掃乾淨，我們打掃的工具有海綿、還有拖把，你喜歡用哪一種呢？」孩子選了海綿，和媽媽把地上的牛奶弄乾淨。

清理乾淨以後，媽媽又說：「今天我們有一個失敗的經驗，小手抓不了大瓶子。現在，我們到院子裡去，把這個瓶子裝滿水，看看你可不可以抓住！」小孩很快就發現，只要他兩手握住瓶子的口部，瓶子就不會掉下了。

這位科學家在後來的回憶當中說，也就在那個時候，他意識到其實錯誤並不可怕。他說，錯誤只不過是邁向未知的大門，而那些未知是科學發展的源泉，即使不能從錯誤裡發現什麼，也會從中能夠得到啟示。

犯錯是小孩子的「專利」，父母不應該去苛責自己的孩子，去阻止孩子犯錯，而是應該考慮，如何把錯誤中的不良影響轉化成積極有力的影響。

對於那些性格急躁的家長來說，最應該學會保持冷靜，沉默十秒鐘，或者不當場發作。如果立即出言打擊，孩子不但不會意識到自己的錯誤，還會因為家長的苛責而畏縮怯懦，如同雪上加霜。家長在這個時候沉默不是手段，沉默只是，讓孩子反應一下，到底「出現了什麼狀況？」「應該如何去做？」

這位科學家的媽媽能從錯誤當中找到積極的因素，她首先表示孩子做事的初衷是好的，而不對結果有過多的評價，在孩子感興趣的活動中，讓孩子找到自身的錯誤，孩子自然會虛心接受。

因為肯定式的教育方法保證了孩子做事情的正確性，情緒不受破壞，家長對孩子的教育才可以得以實施。

附：你是一位稱職的父親或母親嗎？

下面的測試是根據芝加哥大學的一位研究親子關係的專家研究設計而成，這個測試可以說明父母判斷自己的認識有哪些錯誤。

測驗內容		是	否
1	是否應該明確告訴孩子犯錯就會受到懲罰。		
2	因為孩子的表現不一樣，對其親密感是否有所變化。		
3	假如孩子問一些敏感問題，比如說性、吸菸或是喝酒，你覺得是否會感到難以啟齒。		
4	你是否會專門抽出特定的時間與孩子進行交談。		
5	真實的把自己內心的想法說出來對健康有益，因此你是否不在乎在孩子的兄弟姐妹或朋友面前表揚或批評孩子。		
6	孩子應該有獨立的意識，即使表示他們會承受挫折或打擊。		
7	你是否會與孩子討論有爭論的問題，因為爭論會引起爭執。		
8	你會向孩子說明你們有相同的興趣愛好，就和他的同齡朋友一樣。		

附：你是一位稱職的父親或母親嗎？

9	你是否反感孩子對你意見的質疑。		
10	總的來說，你是否可以給孩子足夠的自由空間。		
11	假如讓孩子在較早的時間取得不錯的成績，孩子心中就會產生焦慮情緒。		
12	只能透過體罰來約束孩子。		

得分：回答與下列答案相符的，每題得1分，然後計算總分。

1：否　2：否　3：否　4：是　5：否　6：否　7：否　8：否　9：否

10：否　11：否　12：否

得分在10分或以上：你是一個會教育孩子的家長，你做父母做得很棒。

得分在5～9分：你和普通的父母沒區別。不過不要滿足，你應該學習一些方法去更好的教育孩子。

得分在0～4分：雖然你非常的關心孩子，但你需要在一些方面作改進。閱讀以下說明，和你尊重的另一位父母或專業人士談談。

解釋：

1：**否**。最好不要在孩子犯錯前就拿出懲罰規定。讓孩子知道你不贊成某些行為，但在這些行為發生之前，不要對孩子進行威脅。

2：**否**。孩子太調皮你心情低落時很難留有愛心。但是最好的父母應該在孩子調皮的時候去制止，並暗示他你是愛他的。

3：**否**。孩子好奇心都比較重，想了解周圍世界，應該允許孩子向父母提出問題，只有那些缺乏安全感的父母才會讓孩子產生禁忌。即使你覺得問題非常難以啟齒，也應該說些積極的話語，回應孩子的問題。

4．**是**。都要留給孩子和父母單獨相處的時間。明智的父母會尊重孩子的發展，認識到每個孩子可能有不同的需要，生活中就會產生很多問題。

5．**否**。雖然誠實是不可缺少的，但一般來說，不應該在別人面前批評孩子。

6．**否**。讓孩子有決定事務的權利，但不一定總是對孩子最有利。什麼事都讓孩子自己決定，那就表明父母自身軟弱無能或優柔寡斷。在讓孩子有自由權利的時候，一定要清楚不讓孩子受到傷害。

7．**否**。爭論是平等的表現，透過爭論而變得聰明而不是生氣，可以達到積極作用。明智的父母會利用衝突和衝突的事情對孩子進行啟發。

8．**否**。為了換取與孩子的和睦相處而放棄父母的權利，是錯誤的。必要有一個成年人的作為。找一種與孩子溝通無障礙而不損害父母形象的方式進行溝通，比如共用遊樂時間，共同做出決定。

9．**否**。允許有不一樣的聲音，會培養出負責任的孩子。讓孩子在尊敬你的基礎上質疑權威，不僅可以說明你非常有信心，而且表明你尊重孩子。

10．**否**。有關協會對數萬名學生所做的民意測驗發現，百分之六十六的學生希望家長對他們要求嚴一點，只有百分之三十三的學生希望家長要鬆一些。

11．**否**。心理學家研究發現，只要親子關係越親密，父母提出合理意見的時間越早，孩子就會越早的追求成功。

12：否。雖然懲罰孩子所以達到教育孩子的目的，但父母需要進一步培養對孩子需要的敏感性。

第二章　好父母會正確面對孩子的缺點

做高明的父母，表揚勝過批評

在孩子成長的階段，批評是不可避免的，但是如何批評才能達到預期效果呢？有的父母總認為對待孩子就要嚴加管教，「棍棒之下出孝子」，在對孩子批評的時候也非常嚴厲，主要是為了讓他深刻記憶。但是不知道，棍棒讓人心生畏懼，又怎會出「孝子」？嚴加管教讓孩子心生畏懼，何來作用？相反，如果能在和顏悅色的情況下教育，更容易讓人接受，在批評的時候加上一些表揚的語句，孩子更容易接受。這種做法維護了孩子的自尊心，而且積極的引導孩子的行為，這就是批評的藝術。

同事閒聊的時候對我說，他們家的孩子的自尊心非常強，性格也比較內向，常常會因為老師的批評而灰心喪氣，甚至茶飯不思。同事的愛人知道孩子這個特點以後，盡量不會在人前教育孩子，而是在家裡進行談心，而且在批評的時候會加上一些表揚的話。

自從孩子開始學外語以後，同事就給孩子報了個英語培訓班，這個班的特點就是寓教於樂，讓孩子快樂學習英語，所以不會出作業，只是要求孩子對課文比較熟悉，可以熟練朗讀。於是同事要求孩子每天要讀三～五次課文，不懂的地方可以向自己請教。

就這樣學習了兩三天，孩子就堅持不下來了，總是在聽英語的時候就開始偷瞄電視，或是玩一些小玩具。同事的愛人心裡氣急了，沒有責罵孩子。但是孩子沒有改觀的地方，孩子仍然看他的電視，玩他的東西。這就需要進行教育一下了，怎麼批評才好呢？同事的愛人考慮再三才拿定了主意。

這天晚上，孩子做完作業後又踱步到客廳，準備看電視。他一進屋，同事的愛人就開始說：「是找媽媽來讀外語的嗎？」孩子聽了一愣。於是同事的愛人忙對同事說：看我們兒子，多有出息！前兩天沒看見他讀英語，我還以為他不記得了。現在看來，肯定是最近作業多，沒有顧上，你看，今天剛做完作業，就知道練習英語。同事也很欣慰：「是啊，兒子有出息了！要是能這麼天天堅持，一定就會有進步。你和媽媽應該相互督促，有時你媽媽有事情忙就忘了，你要時常提醒，別讓你媽媽耽誤你的學習。」

「好！」這次孩子回答得非常爽快，立刻回自己的小屋聽課去了。從此以後，孩子聽英語就很自動，每次做完作業就會去練習英語。

孩子就在這樣的表揚之中改掉了自己的毛病，而媽媽也知道了人更能夠接受讚美、表揚，而排斥不認同、批評、否定、挖苦的訊號。教育孩子也應該符合人類心理，才能會達到預期的效果。通常父母誇獎、愛護和體貼孩子，會讓他吸收到人類最美的一面；反之，如果一味斥責、諷刺甚至打罵孩子，孩子自然會有一種反抗心理，促使他的情緒變壞，而且把家長最開始的教育目的相背離。

父母教育孩子的初衷，都是因為對於孩子的愛，也只有當孩子感受到愛的時候，他才會從內心接受批評，進而改正自己的毛病。因為孩子還小，對於事物的判斷能力不足，犯錯難以避免。如果父母在批評的過程中不講求方式方法，不注重批評的場合和語言，隨意的責罰孩子，只能讓孩子在內心受到打擊，讓他產生叛逆心理和不良情緒，這不僅不會讓孩子認識到自己的錯誤，還會傷害他的心靈。

朋友的孩子銘毅在學校是個負責任的幹部，每天早上，老師還沒有來到班上，他就已經帶領著同學們開始早自習。

有一天，老師走進教室，看到黑板上寫了十幾個人的名字，於是就問銘毅：「到底發生了什麼事？同學們沒有早自習嗎？這幾個名字怎麼寫了十幾次？」銘毅氣呼呼的告訴老師說：「他們不好好早自習，我管他們，他們也不聽，我就把他們的名字記下來，他們看到我記名字，就更不好好讀書了。」老師把銘毅叫到了外面，對他說：「我們把那些上課表現不好的學生名字擦掉，把那些好好讀書的名字寫上去。」銘毅聽了點點頭，回到教室以後，就把那些不好好讀書的名字劃掉，然後再黑板上寫了一個表揚欄。接著他把平常用功讀書的同學的名字寫上去，寫好之後，他望了一眼全班同學，對老師點了點頭，回自己的座位讀書去了。

沒想到這一個很小的舉動，大大的提高了學生們的學習積極性，原本那些調皮搗蛋的孩子開始安靜下來，喜歡東摸西碰的孩子也放下了手中的東西，開始認真讀書。

老師見此很欣慰，就對孩子們講：「以後的早自習，老師都會讓班級幹部把讀書認真的孩子的名字寫到公布欄上，這些孩子都將受到老師的表揚。」從此以後，早自習上喧鬧的情景沒有了，孩子們讀書的積極性也非常高。

在批評的時候加上表揚，也是批評的一種方式。這種高明的批評，效果會比直接的指責好得多。作為父母，在批評孩子的時候也要表現出關心，講究批評的方法，讓孩子走上良性的軌道。

允許孩子發發「小脾氣」

撫育孩子不是很容易的事，父母稍不留心，就會對孩子幼小的心靈造成傷害，給孩子的成長造成陰影。

孩子有脾氣很正常，當孩子在公共場合，當著大家的面大哭大鬧的時候，父母會覺得讓自己丟臉，就想「管教」一下孩子。然而父母卻對孩子的感情需要和真實意思漠不關心，不去了解孩子為什麼發脾氣，而是把孩子的脾氣看成是無理取鬧，並加以制止。這樣做就會讓孩子有排斥感，並不會緩解孩子發脾氣的狀況。

當孩子發脾氣的時候，其實是想告訴父母某些事情，表達自己內心的需要。比如想要家長關注自己，或是想要某種東西的時候。這個時候，父母不能急著制止孩子發脾氣，而是要找到孩子發脾氣的原因，了解孩子具體有什麼要求。只有當孩子意識到你能理解他的心情，明白他的真實意圖時，他才會漸漸平靜下來，聽從家長的教育。

鄰居張阿姨的孫女是個固執的小女孩，她想做的事情絕對不回頭，一旦不順從她的心意就會發脾氣，不停的哭鬧。張阿姨對此束手無策，總是害怕哪方面做不好讓她發脾氣。

有一天，孩子的母親對一個同事說：「我家園園平常都很乖，就是有個倔脾氣，一發起脾氣來，誰也管不了，怎麼勸都沒用，真是把我煩死了。」她的這位同事就問她說：「她發脾氣應該是有原因的，要不然她怎麼會平白無故的發脾氣。」

媽媽覺得這話說得有道理，開始觀察起田園來，她發現田園總是在父母缺乏耐心或者發脾氣的時候才會爆發，而且糾纏不清。於是媽媽就找到了一些關於教育幼兒的書籍，看到其中有一段是說孩子的歸屬感問題，知道了其中的一些道理。或許田園是看到父母生氣，以為他們不再愛自己，因此就有了危機感，因恐慌而發脾氣？

這樣一想，媽媽心裡就有了主意。有一次，田園又哭鬧起來，這次媽媽沒有向田園發脾氣和訓斥，而是面帶微笑抱著田園說：「媽媽知道你心裡難過，那你為什事情難過啊？」這樣和顏悅色的問了一會，田園終於支支吾吾的說：「我看你剛才生氣，以為你討厭我了呢。」「傻孩子，媽媽怎麼會討厭你呢？剛才媽媽情緒不是太穩定，所以就對你發脾氣了。可是你要知道媽媽不會討厭你的，知道嗎？」媽媽親切愛憐的告訴田園。從此以後，每當田園要發脾氣的時候，媽媽就會告訴田園媽媽是愛她的。這樣做讓孩子平靜了不少，再也不像以前那樣哭鬧了。

當孩子發脾氣的時候，總是讓父母毫無對策，狼狽不堪。有很多父母總是沒有問清事情的經過就對孩子進行打罵，這樣做達不到任何作用，甚至會加重孩子的反抗情緒，嚴重影響孩子的情感，損害到孩子的身心健康。正確的做法應該是，像案例中田園媽媽那樣，首先找到孩子為什麼會發脾氣，然後對症下藥，孩子發脾氣的次數自然會減少。

做家長的應該知道這些：發脾氣是孩子表達情感的一種方式，孩子適當的發脾氣是對孩子身心健康有好處的，只有找到孩子發脾氣的原因才能杜絕孩子發脾氣。假如孩子因為某件事情的不滿而生氣，你不妨等一等，讓孩子平復內心的情緒，允許他發脾氣，直到他自己平靜下來。你再用和藹的態度告訴孩子一個道理：我是愛你的，我非常在乎你的感受。這樣孩子既宣洩了自己內心的不滿，又感受到了父母的愛意。

作為一個有遠見的成年人，應當以身作則，掌控好自身的情緒，為孩子創設一個良好的家庭環境。遇到孩子發脾氣的時候盡量不要動怒，如果連自己都掌控不了，又如何去管教孩子呢？父母的平靜，能對孩子的情緒達到積極作用，學會控制不良情緒的爆發。

把自己的真實情感展現在父母面前。這是孩子的天性，也宣洩情緒的一種方式。父母應當允許孩子真實的宣洩自己全部情感，在是理解的基礎上對其進行輔導，這樣才能保證孩子健康成長。

批評前要表揚

表揚孩子可以增加孩子的自信心，但是總是表揚孩子，從不批評孩子，他沒有經歷挫折的經歷，自然很難去排解壓力。如果孩子犯了錯，可以對孩子適當的批評、懲罰一下，但是這個批評、懲罰不等於對孩子的虐待和心理威脅。這是一種教育技巧，就像一把雙刃劍，雖然可以教育到孩子，但也可能傷害到孩子打擊孩子的自信心。

所謂懲罰，就是讓孩子為自己做錯事而受到教育，所以在批評孩子的時候，首先要平等的對待孩子，維護孩子的自尊心，認同孩子的優點，對孩子給予讚美和鼓勵。然後再指出孩子在哪一方面還有失誤和不足，這樣孩子就比較容易接受建議。否則，如果一味責罵和數落孩子，就會讓孩子產生反向心理，影響父母與孩子之間的溝通。

我的外甥女今年六歲了，有一次，爸爸媽媽帶她去爬山，爸媽爬山都很累了，孩子還非讓他們抱，不抱就開始大哭起來，還用手打媽媽的臉。媽媽心裡非常難過，心想這孩子真不懂事，媽媽非常呵護她，她還動手打媽媽，真是沒良心。於是媽媽開始教育孩子，然而孩子越發的反抗，哭得聲音越來越大。媽媽也沒有辦法。讓她一個人哭去了。

這時姐夫走了過來，給孩子擦掉臉上的淚水，並對她說：「多漂亮的小女孩，哭起來有夠難看的，你還是小班長呢，就這點苦都吃不了?你看媽媽每天上班、煮飯、洗衣服、講故事，還哄你睡覺，今天又帶你出來玩，媽媽多辛苦啊!如果你再打媽媽，她就會很傷心，媽媽也不會再理你了，好不好啊?」

孩子哭著說：「不行!我要媽媽理我!」爸爸接著說：「你在幼兒園裡是懂禮貌的好孩子，打人是不對的，打媽媽就是錯了，應該對媽媽道歉，我們還是好孩子。」

在爸爸的鼓勵下，孩子走到媽媽面前，拉著媽媽的手，羞愧說：「媽媽，是我不好，我錯了!」

批評是教育的一種手段，批評需要技巧。批評是為了讓孩子可以承擔責任，是為了讓他更好的負責任。其實當一個人在做錯事的時候，他內心裡需要一種懲罰，這是一種心理需求，是為愧疚而接受懲罰的需要，為了取得心理的平衡。

那要如何去批評孩子呢?當孩子有了錯誤，就馬上批評孩子，或者說一些例如「看我怎樣收拾你!」、「我們回家見!」之類的狠話。這樣只能會帶來兩種結果，一是孩子心中恐懼，只想趕快逃離家庭;二是孩子習以為常，不會在乎父母的話。

這樣對孩子的教育達不到好的作用，像案例中李佩瑤爸爸的那種批評方式，就是值得借鑒的。他在批評孩子以前就會表揚孩子的優點，相信自己的孩子是善良的，並將自己內心的感受告訴孩子，讓孩子理解父母，也讓他明白自己在父母心目中的地位。

孩子是非常天真的，他的理解方向與大人不同，所以在批評孩子以前，要告訴孩子錯在哪，講明道理，讓他清楚為什麼受到批評，這樣做有可以說明孩子改正錯誤。如果孩子不知道為什麼受到懲罰，就會感到委屈。

盧梭在《愛彌兒》一書中說過：「你知道用什麼方法可以讓你的孩子體會到什麼是痛苦嗎？這個方法就是：學會順從。因為有很多滿足他想法的便利條件，所以他的欲望就會不斷增加。結果，直到有一天你沒有能力去滿足他的願望。但是，由於他一直沒有受到過拒絕，突然碰了釘子，這是比無法滿足願望更痛苦的事。」

批評孩子是非常必要的。而批評前應該對孩子尊重和肯定。只有如此，孩子才會有所領悟。

善於觀察孩子的平常表現

在很多家庭裡，父母總是會對孩子「高標準」，用大人的眼光去要求孩子，很少以平等身分與孩子溝通。單向教育孩子，孩子只能接受教育，這樣的教育方式就讓孩子喪失了表達的能力或者失去了表達的積極性。而實際上，真正有效的溝通是雙向的，而且前提是要相互有愛彼此平等。作為家長，要從傳統觀念走出來，要學會對孩子平等，與孩子交朋友。尊重孩子，理解孩子，這樣的教育效果才是最佳的。

住在樓下的張帥小時候是個聽話的孩子，後來長大了，與母親的共同語言也就更少了，而且經常爭吵。比如：張帥的成績不理想，在家補習功課，為了增加複習時間的問題，母子倆的意見總是不統一，於是發生了爭吵；每次張帥看電視，母親都會上前干預。一次，張帥帶一位女同學回來拿筆記本，母親卻以為兒子開始談戀愛，於是母子又開始發生爭吵。總之，戰火不斷。後來張帥一氣之下乾脆離家出走，過了幾天，說是想起爸爸的辛勞，這讓當母親的聽了很傷心。現在張帥母子的關係很緊張，張帥越來越叛逆。

從表面上看，這對母子似乎都有道理，因為兩代人的意識形態都有差距，而看問題的角度都是從自身出發，於是意見往往就不一致，這樣的家庭矛盾是難以避免的。這種情況在許多家庭中並不少見，只不過矛盾的程度不一樣而已。

我們來看，孩子與母親吵架，離家出走是不對的。但是，這位母親似乎太過粗心大意，不會理解孩子的處境。想想看，孩子考試成績不好，心理上已經非常的壓抑，本來就有許多心事需要向別人傾訴，需要別人分擔自己的煩惱。如果在這時，母親可以體諒孩子的痛苦，勸慰和開導孩子，孩子心裡就會好受些，然後再耐心的教育孩子，引導他走出低谷，從而把精力全部用在學習上。

也就是說，父母要了解孩子，但是現在有很多的父母對自己的孩子不了解。其實，每個孩子的性格、愛好、思想都有所區別。父母除了在生活上關照自己的孩子，還需要從不同方面了解孩子，了解他們的性格，了解他們學習、生活的各種情況，知道他的各種要求，然後採取不同的方法指導和鼓勵孩子。

孩子都是有積極進取心的，包括那些有缺點、毛病的孩子，都希望受到讚美、肯定和鼓勵。當他們因為進步而受到表揚的時候，都會在情感上得到滿足，在精神上受到激勵，在思想上產生快感。這樣，就會讓自己的情感更加的豐富，更增加自信心，從而更加的有動力上進。如果孩子總是接受指責，內心之中總會出現一種不悅，他們的情緒會越來越低落，逐漸喪失自信心。

父母有教育自己子女的義務，這裡說的教育孩子，不光指的是讓孩子學到知識，還包括良好的教養。要讓孩子形成良好的習慣，就需要家長可以靜下心來，仔細對孩子有一個了解。父母與子女之間關係不可以相互獨立起來，他們之間是一種非常微妙的血緣關係。感情是相互的。需要雙方共同的維護。多了解孩子的行為習慣、語言特徵；多與孩子交流，培養孩子廣泛的興趣，比如說下棋、舞蹈、看球賽、游泳等，與孩子多談心，盡量和孩子的關係更融洽。

如果你可以對孩子的情況非常了解，那麼在對孩子進行教育時，就可以找到非常恰當的方法。

當孩子犯了錯誤的時候，父母不應該採取極端的教育方式，而應該多從孩子的立場考慮，針對孩子的特點，採用因材施教的方式，讓問題可以有效解決。

放低姿態，聽聽孩子的心裡話

有很多父母，當孩子出現叛逆表現的時候，都會搖頭歎氣，不知道孩子心裡真正想的是什麼，不明白孩子為什麼不肯說出自己的真實想法。但是父母沒有想過，自己有沒有給過孩子表達自己的真實想法的機會？

孩子是很單純的，他們考慮問題的出發點也很單純，甚至是很幼稚的，所以，大多數父母在看到孩子的想法過於幼稚的時候，都沒耐心去傾聽，有時甚至會去打斷孩子的想法，久而久之，時間一長，孩子自然不會把想法告訴父母。這樣，又如何可以走進孩子的內心世界？

所以，父母應該讓孩子說出自己的真實想法，即使孩子的想法過於天真，也不要輕視或者阻止他，而是應該認真傾聽，與孩子一起探討解決問題的辦法，讓孩子體會到關愛和溫馨。這樣，孩子才會更加信服自己的父母，願意把自己的真實想法表達出來，也有利於父母對他進行正確的引導。

我的大學同學王豔豔，她有個八歲的兒子，總是喜歡在父母面前說出自己的真實想法。有一天，王豔豔和來她家玩的同事聊天，說到公司裡幾個年輕人戀愛的事情。

「聽說小劉又失戀了，你知道嗎？」王豔豔說。

「是嗎？沒人告訴我，這次又因為什麼？」同事很驚訝問。

「還不是小普，已經很長時間沒有理小劉了，兩個人吵得火熱！」

「啊？這小普怎麼能這樣，不是跟小劉談得好好的嗎？人家小劉人多好啊，真是的！」

這時，一直在旁邊看漫畫的兒子突然插話說：「我要是小劉叔叔，也不會理小普阿姨，她太壞了！」

「走走走！大人說話有你什麼事啊，到自己房間去，小孩子知道什麼，不懂事的孩子！」王豔豔站起來，拉著兒子的胳膊就走。兒子撅著小嘴，一邊走還一邊小聲嘟囔：「我又沒說錯啊！」

其實從孩子記事開始，就有了自己思考問題的方式，他開始對這個世界開始思考，思考他身邊發生的每一件事，並逐漸有了主觀的想法和判斷。大人和孩子的世界是不一樣的，但在孩子成長的過程中，會慢慢趨於成熟。孩子對大人世界的事情闡述自己的觀點和見解，這說明他有了獨立的思考意識，這是非常難得的。

這個時候，父母應該鼓勵和支持孩子的做法，允許孩子將自己的觀點表達出來，並認真聽孩子訴說。這樣不僅可以讓孩子的思維方式更加的活躍，還可以了解孩子的真實想法，發現孩子的內心世界的真實意圖，從而及時引導孩子從錯誤的方向糾正過來。

一天晚上，朋友的女兒李然很傷心對媽媽說：「一休的媽媽實在是太狠心了，一定要將一休送到廟裡當和尚，還不讓一休去看她！」

媽媽和藹的對孩子說：「孩子，這不是狠心。她把自己的孩子送到寺廟裡，是因為可以讓一休在寺廟得到鍛鍊和磨礪，讓一休長大以後可以非常的成功。」

可是一休的年齡還是很小，為什麼不讓一休長大一些再去寺廟呢？

「孩子，人在小的時候是非常的單純，你教他好的事物，他就會學的非常好；如果讓他接觸不好的東西，他就會學壞。所以，一休的媽媽把他從小就送達寺廟裡，這樣才能讓一休面對以後更殘酷的世界，如果等一休長大了再去修行，那時候就晚了。」

孩子若有所思的點了點頭，又問：「我會不會被送到寺廟當和尚，以後才能成為了不起的人呢？可是我離不開媽媽啊。」

媽媽撫摸著孩子的頭，微笑著對孩子說：「你沒有必要啊，寺廟只是象徵著一個受教育、受薰陶的環境，就像學校一樣，你在學校裡也可以受到教育。如果你想向一休那樣充滿智慧，就要在學校裡好好的學習，認真聽老師講課，爭取把老師教授的知識全部學會。」

孩子眼裡有了光芒，摟著媽媽的脖子大聲說：「媽媽我明白了，我一定會刻苦學習，就可以像一休那樣聰明，我也要成為一個了不起的人。」

媽媽高興親了李然一下：「好孩子，媽媽相信你！」

孩子常常會在看動漫或漫畫書的過程中會有自己的一些想法。對於孩子內心世界的這些想法，父母不能置之理，而是應該主動接觸孩子，和孩子一起去欣賞和思考。孩子願意把自己的想法告訴父母，是表示對父母的信任和依賴，是想從父母那裡得到慰藉與呵護。這個時候，父母就應該學會從孩子的角度想問題，理解和尊重孩子的想法，並學會耐心和細心的溝通。

就像案例中李然的媽媽一樣，耐心聽完孩子的真實想法，並為孩子解答問題。如果媽媽因為在外面工作一天的緣故，對李然的問題不理不睬，讓孩子自己去玩樂，孩子的問題就不能得到答案，孩子就會降低對父母的信任程度，就會父母產生隔閡，父母以後想和孩子溝通起來就非常困難了。

大人與孩子的內心世界應該是平等的，孩子的想法和大人的想法一樣重要。所以，無論是孩子想要討論大人世界的問題，還是孩子想討論自己內心小世界的問題，父母都應當允許孩子把自己的想法表達出來，鼓勵和尊重孩子，給他留出足夠的空間和時間表達自己的真實想法。

不要打斷孩子的訴說

語言是人們表達自己觀點的一個方式。每個人都希望向別人傾訴自己的心聲，即使是那些剛出生不久的孩子也會有這樣的訴求。實際上，孩子傾訴的欲望要遠強於成人，因為他們得到大人的關注、矚目，希望可以從大人那裡獲得幫助和理解。

可是每當孩子在發表自己意見的時候經常被打斷，無法傾訴自己內心的想法。孩子也會喪失對別人表達自己意見的興趣，有的孩子就習慣的找自己的朋友傾訴，而有的孩子就會將自己的話留在心裡，有時還會自言自語，假若孩子找不到傾訴對象，就會形成孤僻、自閉、憂鬱等不健康的心理特徵。

樓上劉哥的孩子劉夢飛是小學四年級的學生，最近，老師發現劉夢飛有一些異樣，以前活潑開朗、上課發言非常的積極主動，現在變得寡言少語，總是一個人發愣，作業完成也不是很好。老師經過認真的與劉夢飛談話了解，才知道了劉夢飛改變的原因。

劉夢飛以前特別愛說話，每天放學回家後，都會把學校發生的趣事說給父母聽，可是劉夢飛的父親是生產線的工人，他將所有的希望寄託在劉夢飛身上，希望劉夢飛可以考上一個知名的大學，出人頭地，因此，非常看重劉夢飛的學業成績。他覺得劉夢飛說這些與學業沒有關係，純粹是浪費時間，因此在劉夢飛開口之前，父親總是會打斷他：「又說這些沒用的，你要把精力全放在學業上，快去做作業！」一次劉夢飛說班裡一件非常有意思的事情，正說得興高采烈時，父親說：「和你說話就是不記得，別談這些廢話，再說我就揍你！」嚇得劉夢飛一個字也不敢說，悻悻的回去了。

劉夢飛以前非常喜歡問問題，總愛問個「為什麼」，開始的時候，父親正常的回答，後來劉夢飛問得多了，父親不耐煩了，「別問了，反正是沒用的，問那麼多幹嘛，去，寫作業去！」父親的眼珠子瞪了出來，劉夢飛不敢再說了，因為他知道父親對自己沒有耐性，生氣了就會打他，慢慢的，劉夢飛在家裡話越來越少了，每天放學回家就悶在自己的房間裡，因為禁止孩子出去玩，漸漸的讓劉夢飛的性格變得孤僻。

家長對孩子沒有耐性，習慣打斷孩子說話。不給孩子表達的機會，這樣就給家長與之間造成了隔閡。這樣，家長也沒有辦法知道孩子的真實想法，聽不到孩子的心聲。了解不到孩子心中所有想，孩子出現了什麼問題，家長也不了解，就不可能及時的解決問題，必然造成非常負面的影響。

另外，家長時常的打斷孩子說話，不給孩子發言的機會，孩子想說的話說不出來，總是憋在心裡，非常影響孩子的心理健康。

聰明的家長，在孩子傾訴時，不會隨意打斷孩子的發言，而給孩子一個發表見解的機會，這樣家長才可以熟悉自己的孩子，而且還會拉進與孩子之間的距離，使父母和孩子之間的感情更融洽。

不要強迫，疏導永遠勝於強制

「控制」這一詞彙也是非常耐人尋味的，它是人一出生以來就存在的，所有思想的物種都存在控制欲望，人更是甚之。在家裡，父母總是希望孩子聽自己的話，他們的初衷是擔心孩子，這種擔心是出於對孩子的愛，但有時候這種控制也會起反作用。因為，很多父母借助「愛」的名義來控制孩子。

老同學的女兒歡歡今年六歲了，人長得很漂亮，而且多才多藝。可是在學校裡，卻沒有人喜歡和她玩，而且同學們總說歡歡沒有主見。其實，這一切都不應該怪歡歡，這一切都是歡歡的父母造成的。

歡歡是家裡的獨生女，一生下來，父母就視其為掌上明珠。因為爸爸從小就是個苦孩子，所以爸爸決心不讓歡歡再吃苦。從歡歡出生到現在，歡歡的所有事情，都由爸爸和媽媽來做。歡歡的每一個意願爸爸都可以知道，在歡歡還沒有說要什麼的時候，爸爸就已經給歡歡辦好了。

從小歡歡就不用動腦筋，不用動手，一切伸手就來，所有事情聽爸爸媽媽安排。

可是來到學校以後，一切全變了。爸爸媽媽一直不在身邊，她連一點小事情都做不好，連一件小事的主意都不會拿。有一次該她值日，她都不知道怎麼用掃把掃地，竟然哭了起了。

父母總是以愛的名義控制孩子，就會給孩子內心造成不良的影響，比如說：

「你是我生的，你是我養的，所以你該……」這種語言就讓孩子有一種負債累累的感覺，這也是最常見的控制。按照順序，處於高順序的父母，不能讓處於低順序的孩子按照自己的生活方式生活，孩子的選擇權是不要給孩子套上沉重的心靈枷鎖。

「你不聽話，我養你很辛苦，還不如當初不生你……」養育孩子是受罪，還有威脅的話語，迫使孩子聽從自己的控制，威脅式的控制讓孩子從小缺乏安全感。

「我活得太艱難了，我的生命是悲慘的……」這種控制不明顯，但是它的負面效應非常大。這種說法誘使孩子把自己的境況變得更差力求心裡的平衡。或者「你不聽話，我真命苦……」父母總是覺得以「命苦」，來要脅孩子聽話，孩子無奈接受，往往帶來孩子悲劇性的性格命運。

「我養你不容易，所以你不應該向著他（她）……」夫妻離婚以後，往往有一方會在孩子面前說另一方不好，這就會誘導孩子在理解上有所偏差，讓孩子聽從自己本身就是一種控制，也不是靠其他而來，父母關係是在孩子出生就確定的。孩子在父母的相互打擊的夾縫中生存心理往往會非常扭曲。

以上那些對孩子的控制，大多都是以父母慈愛的、養育艱難、受苦受難等來為開頭的。很多父母對於孩子所有的事情都要管，讓孩子完全按照父母的意願去做事，覺得這就是對孩子全部的愛。其實不然，在孩子還沒有發育成熟的時候，思想和經驗還都比較少的情況下，父母是孩子的監護人，他們有責任也有權利讓孩子按照他們的要求做事情，儘管有時候孩子有排斥感，但他們無法擺脫父母對其的控制。

這種現實是很難改變的。但當孩子有了自主意識，有了自我控制能力時，父母就要把自己控制起來，並主動去做好一些事情，父母的控制就不會與孩子的自控產生矛盾。

如果父母有很強的控制欲望，最好先要把自己的心態變得平和一些。對孩子有期望是好的，但不要把這種態度時時刻刻表現出來，不要急躁，有時候你的思路是正確的，一時沒有看到成效，也不應該太焦急，繼續做下去就行了。

盡量不要去控制孩子

因為，總是想著控制孩子，會使父母與孩子的關係非常不好，孩子在心中就會有一種非常強大的壓力，他雖然會聽，在父母面前表現是溫和的，實際上心裡會非常的不高興。如果這種情況再繼續的話，孩子的性格就會變軟弱，父母會更強硬，這樣非常不利於孩子的成長。

給孩子一些成長空間

給孩子一些成長空間，觀察孩子要留出一些距離。孩子的成長應該符合正常的規律，不應該把孩子看得死死的，孩子應該怎樣怎樣，更不應該強加干預，而是應該對孩子進行心理輔導，盡量給孩子造就一個良好的發展環境，盡量正確的誘導孩子。

尊重孩子，給孩子自由

父母尊重孩子，孩子才可以尊重自己的父母，有的父母只是希望自己的孩子完全聽自己的意見，而不能申訴自己意見，孩子反對就大聲斥責。這種孩子長大以後可能就會缺乏主見，沒有自己的觀點，人云亦云。

培養孩子獨立思考和判斷的能力

獨立性是一種生活上的習慣，是在生活中慢慢養成的，就像是穿衣服、吃飯、洗手一類的小事情。孩子做任何事情，都會遇到與步驟、環節有關的問題，也有效率和結果的不同，這就是因果關係，也就是我們所說的邏輯。這是在思考中成養成複雜的邏輯思維，在體會經驗和知識的累積中形成的。

可能是在孩子大一些的時候，父母就會意識到這種問題，但這種能力是培養出來的，也可以說是一種長期思維的習慣形成。如果孩子在幼年的時候沒有掌握學習這種能力，可以肯定的說。長大之後也很難有。

引導孩子的生活態度和價值觀

孩子會有什麼樣的生活態度？對是非曲直有沒有取向？當然有，可能不是很明顯。但孩子逐步認知幾件事情以後，在成長過程中會對每件事情有認知和判斷的意識。父母透過孩子在做一些小的事情上不斷引導孩子，就可以培養孩子積極樂觀的生活態度和正確的人生觀。

作為父母，雖然不能任由孩子自由發展、活動緩慢，但是如果對孩子過於控制就不利於孩子培養自己正確樂觀的生活方式，也會影響孩子身心的健康成長。所以，要學會正確的引導孩子，不妨讓孩子在不同時期有自己的選擇權、發言權。只有從小就擁有選擇權的孩子，才能感受到真正意義的幸福快樂。

批評孩子，也要注意方法

每個人都有受到尊重的權利，孩子也不能例外。有的父母在與孩子交談的時候不注重語氣，結果對孩子造成了傷害，這種家庭教育的盲點經常出現。

很多父母不注重以合理的方式與孩子進行溝通，往往自己沒有意識到，用一些孩子特別反感的語調交談，說了一些不符合常理的話，難免會與孩子發生衝突。

記得小時候姐姐氣呼呼的回到家裡，因為下雨，本來學校組織郊遊，這樣一來就泡湯了。媽媽見她不高興，隨口說了句：「哭有什麼用，下次不是還有機會。又不是我讓它下雨，看誰都噘嘴？」本來姐姐似乎還沒有發脾氣的意思，這麼一來可不得了：先是嗚嗚的哭了起來，不一會兒回到自己的房間，就趴在床上大哭起來，而且連晚餐都沒出來吃。

沒有父母想傷害到自己的孩子，也沒有一個父母心裡有這種想法「今天只要有可能，我一定要讓孩子下不了台」，只是有的時候會在不經意間表現出來。

也有很多的家長在生氣的時候，往往口不擇言。因為他們心裡想，對於自己的孩子，打罵是一種權利，所以難聽的話自然可以對孩子說。有時覺得說得越難聽，越能夠提醒孩子。父母沒有想過，許多話都會傷害到孩子，是不能對孩子說的。例如：

「給我滾！就當我沒有你這個孩子！」

「你以為你怎麼樣，是我把你養大的！」

「我不喜歡不聽話的孩子，現在馬上給我滾出去！」

「你還能做什麼！」

「你很討厭！」

「我怎麼生出你這樣的孩子，我真是倒了八輩子的楣！」

「你可是我養大的，有本事你現在出去賺錢！」

就像這類話對孩子都會有非常大的傷害。孩子聽到，心裡會很難過，也許他還沒有「自尊心」

的概念，可是這話會讓自己感到沒有存在的意義，是個累贅，但是沒有辦法改變現狀。這種在內心的矛盾會讓內心恐慌甚至無所適從。這樣的情緒長時間在內心當中，必定會化為憤怒，早晚有一天會爆發。那時，後果可能會非常嚴重。

有的孩子是因為年紀太小，就乖乖聽從父母的安排，但是並不代表孩子信服父母，而是因為對父母的畏懼，害怕被父母拋棄。在這種心理壓力下，孩子很難健康成長。

事實上，孩子被父母撫養和教育，是父母的責任和義務。父母卻把這種業務當作是「累贅」，當作成對孩子的威脅。這種想法和行為是非常可惡的。想想，誰不是由自己的父母養育起來的呢？

還有的孩子依賴性比較強，總是什麼事情都向父母伸手。這個時候父母感到厭煩，可能就會和孩子說：「你知不知道，你很煩人！」你沒有時間陪孩子就算了，為什麼還要說難聽的話去刺激孩子？父母的厭性讓孩子感到焦慮。他可能不知道父母討厭自己什麼，也不清楚父母只是不喜歡這種黏人的態度，而不是真正的討厭他。如果父母缺乏耐心不會解釋，就會讓孩子心中留下陰影。

孩子一般是透過父母來了解自己是什麼樣的人，能成為什麼樣的人，從父母那裡獲取知識和世界觀，所以父母能夠給孩子信心和鼓勵是非常重要的。可是父母卻總說貶損孩子的話，而對造成的後果和傷害沒有預料到。

說話也是需要有方法和技巧的，有的人說話會讓人身心愉快，而有的人說話給人一種不舒服的感覺，對孩子教育和批評時自然也需要分寸。如果父母不在乎這些，也不考慮說話的內容，也

批評孩子，也要注意方法

不去考慮是否有效，反正自己心裡痛快了，總是這樣的，孩子就會形成反向心理，不管父母說的事情是好壞，他們都以排斥的態度面對。

有兩位小朋友的父母，當看見孩子做的作業不認真時，採取了兩種完全不同的態度，效果卻截然相反。

在小的時候，媽媽發現我做作業的時候字寫得非常潦草，非常生氣，在盛怒之下，就撕掉了我的作業本，說道：「說過你多少次了，你怎麼不知道改，作業還是這麼亂，你給我重寫！」我當時握著撕碎的作業本，看著好不容易才寫完的作業，被媽媽這樣毀掉了，很是生氣，心裡想：「我就不好好寫，你要撕就撕。看你能撕多少。」生氣是一方面，但是作業還要交啊，無奈只能重新寫一遍。我心裡憤憤不平的，還不如第一次寫得好呢？媽媽見了大怒：「我說過好好寫，你就是不聽。」媽媽還想撕掉，可是已經晚上十點多了，重寫就不知道要幾點了，只好作罷了。

而我同學的媽媽看見孩子作業做得不好，雖然也很生氣，但她卻掌控住自己內心的情緒。她知道，孩子不是寫不好，只是態度不認真而已。於是，她把孩子叫過來，說：「孩子，你今天寫的作業太潦草了，這樣老師很難給你高分，你最好重寫。我清楚，讓你寫，你很不願意。但是我為什麼還要你重寫呢？因為媽媽相信你可以認真的完成作業，寫第二遍的速度一定會比第一遍快，而且會非常好。媽媽相信你的實力！」孩子聽完媽媽的話，再看看自己寫的字，就對媽媽說：「媽媽，我會重新寫一遍。這次我會認真的。」寫完後，他把作業放到媽媽面前，媽媽仔細的檢查了一遍，高興說：你寫的真是很工整，老師一定會給你高分的。」後來，這個孩子作業完成得都非常的漂亮，媽媽總是表揚他，他更加的愛學習了。

作為家長，希望讓孩子接受自己的意見，讓孩子受到教育，必須注意與孩子說話的方式，必須注重與孩子交談的語氣。

有經驗的老師建議家長，父母與孩子交談的時候不妨採用這些方法：

誘導法：透過良性誘導，使孩子增加知識，獲得樂趣，加深感情。

協商法：與孩子溝通時應該是平等的，尊重孩子的人格，透過商討的方式，啟發孩子的智慧，使孩子積極參與交談。

說理法：擺明事實，說清道理，當孩子對一些事情反感的時候，應該解釋清楚，說明道理，並使孩子明白。當孩子做錯了事情，幫助孩子找到原因，指出害處，使孩子明白改正。

還有，在與孩子溝通的時候，父母要注意語氣，還要特別注意以下幾點：

・**對待孩子要平等**

兩個人的位置要平等，不要擺架子。在心情不錯的時候要這樣，在心情不好的時候需要調整情緒。

・**讓孩子成為重點**

找到讓孩子感興趣的話題，當然，雙方都感興趣最好不過了。這類話題更容易讓孩子溝通，也便於掌握孩子的思想動向。

・**耐心要充足**

有的問題孩子理解起來比較困難，父母要耐心的教育孩子。總之，只要父母要注意溝通的細節，就會在教育孩子的問題上達到好的作用。

面對孩子的缺點要有正確的態度

在孩子成長的過程中都會出現不同的問題，當面對這些困難的時候，有些家長，對孩子非常嚴格，要求孩子身上不能有任何的缺點和問題。這樣做只會產生兩種結果，一種是孩子什麼事情都聽家長的，長大以後，自己沒有主見，缺乏創造力，做事情沒有方向；還有一種是不斷反抗家長，甚至可能會離家出走。

有些父母在教育上最大的問題是絕對不能讓孩子犯錯，不能看見孩子有缺點。對於處在不斷成長的過程中的孩子，父母應該能夠允許孩子有缺點，並糾正其缺點，這可以有效的培養孩子的積極性和創造能力。

有的父母認為只有好好念書學習才是正途，其他讓孩子感興趣的事物都是不務正業，都是壞毛病，必須讓他們改掉。

我同事的孩子叫王凱，他對畫畫特別感興趣，而且在一些漫畫書上發表過一些插畫。但就要來臨近期中考的時候，父母認為這樣畫畫會耽誤學業，所以禁止他做一些有關畫畫的事情，甚至不讓他參加學校的繪畫比賽。

為了不讓孩子再有畫畫的念頭，把精力全部放入到學習中，媽媽還將王凱所有關於畫畫的書籍送給了別人，把他很多好的習作都丟掉了。而當王凱抗議的時候，媽媽就開始告訴王凱，畫畫只是個人愛好而已，要將畫畫的時間都用在課業學習上，才可以考一個好學校。

對此王凱心理非常難過，但是不得不聽媽媽的話，不再去畫畫，把原本畫畫的時間放在複習功課上。然而這沒有讓孩子的學習能夠提高，反而成績還下降，因為他每次打開書的時候，就覺得心中煩躁，而以前還可以用畫畫緩解壓力。

父母把孩子的個人愛好當作不務正業而去阻止，只會讓孩子有厭學的心理，這樣總是在單調的學習中度過，讓孩子一直處於壓力之下，怎麼會對學習產生興趣呢？

而且有的父母看不起自己的孩子，對孩子做什麼事情都瞧不起。如果孩子沒有讓父母覺得滿意，父母就會以怠慢和冷落的態度對待。這樣就會在情感上給孩子壓力。孩子精神上處於緊張狀態，長此以往，就會失去自信心，更嚴重的是會自暴自棄。這些錯誤都是父母比較普遍的，因為他們不會更換角度看問題，不會從其他方面看孩子的缺點，也不讓孩子在心裡產生負擔。

世界上最具影響力的畫家畢卡索有一位開明的父親，畢卡索之所以可以用藝術實現理想，和父親也有很大關係。

畢卡索在幼兒的時候就顯露出極高的藝術天賦，他裁出的剪紙也是唯妙唯肖，還經常畫一些不錯的作品，這些都讓鄰里稱讚，認為畢卡索是一個藝術天才。但是，這樣一個「天才」卻不是一個好學生，他對上課不感興趣，上課對於他就是一種折磨。他在上課的時候總是沉浸在幻想之中，或是看著窗外的小鳥和大樹。尤其是索然無味的算術，讓他非常頭疼。

他無奈的對父親說：「一加一等於二，二加一等於幾，我的腦子裡面就一片空白。不是我不學，我很想集中自己的注意力，可是做不到。」而他也因此讓同學們嘲笑，他們會走到畢卡索的課桌前，戲謔的說：「畢卡索，二加一等於幾？」而畢卡索仍舊呆呆的望著他們，那些同學就開始嘻嘻的笑。

最後，連老師都覺得畢卡索的智商有問題，根本學不到知識。他會找到畢卡索的父母，極盡詳細的描繪出畢卡索發呆的樣子，畢卡索的母親聽了很生氣，覺得非常丟人。漸漸，鄰居們也開始表示懷疑，而是私下議論說：「看看他傻傻的樣子，會畫畫又有什麼用呢？」

儘管在那個時候所有的人認為畢卡索是傻瓜，而且總是嘲笑他，但畢卡索的父親始終堅持：孩子對讀書不在行，但是藝術天賦是別人沒有的。於是他對兒子說：「不會算術並不表明你是傻瓜，你依然是個繪畫天才。」小畢卡索看著父親堅定的眼神，又重新自信起來。

畢卡索總是可以毫不費力的畫出一些出人意料的作品，這也讓他慢慢忘掉了他在學習上的挫折。但是，諷刺還沒有停止反而更加猛烈。小畢卡索越來越不願意和別人接觸了，更不喜歡和同儕一起玩樂。而父親卻堅持送孩子去學校，一到教室，父親就把畫材、畫筆一類的東西放在課桌上。

父親成為了畢卡索的精神支柱，讓他找到了面對生活的勇氣。最後成為了一名世界著名的大畫家。

每一個人都有自己的性格，孩子也是一樣。他們都有自己獨有的個性。比如有的孩子喜歡安靜的環境，而有的孩子喜歡打打鬧鬧；有的孩子比較喜歡聽講，而有的孩子貪玩。其實這些並不用分出好壞，但是有的父母卻總是以自己的標準把孩子對號入座。

金無足赤，人無完人。孩子有的缺點似乎是與生俱來的，如果父母總是不顧孩子的實際情況，只知道嚴厲批評、冷嘲熱諷的去勸說孩子，會給孩子的內心留下難以撫平的創傷。所有的人都可以去嘲笑他，唯有父母不能。父母要做的就是給孩子勇氣和信心，才能讓他有勇氣面對自己的缺點，發揮自己的長處，有一個正確的人生態度。畢卡索的父親就是這樣幫助孩子的。

作為父母，應該多看孩子身上的優點。減少孩子的缺點。培養健康的心態。也許他沒有像畢卡索那樣的天賦，但是父母應該讓他在健康下成長，讓他在成長中獲得快樂。

不要讓孩子在家長命令中成長

語言其實也是武器的一種，父母在孩子心靈上留下的傷害，都是因為父母「關愛」造成的。沒有說不愛孩子的父母，但是應該怎麼去愛，怎麼和孩子進行交流，這些都是父母必須要考慮的問題。

很多父母在和孩子溝通的時候會用命令的語氣，他們希望用氣勢控制住孩子，但是他們不會想到。命令，只是從自己的角度出發，只顧及自己，而不顧及孩子的感受。也許有很多父母會說：「我是監護人，我生他養他，當然他要聽我的。」這種想法沒有替孩子考慮，孩子與父母是平等的關係，他也是獨立的個體，有自己選擇的權利。

朋友老唐是個小有成就的企業家，有個兒子叫唐新雨，今年已經五歲多了，父母在上班的時候，他就由爺爺、奶奶和保姆照顧著。對於上了年紀的爺爺、奶奶來說，對可愛的唐新雨真是又喜歡又辛苦。因為孩子特別的調皮，看什麼都新鮮，常常這裡戳戳，那裡摸摸。為此，唐新雨沒少過挨罵。

有一天，唐新雨好奇，開始玩遙控器，居然真的把電視打開了。這下，孩子就開始玩了，他高興極了，開始按開關鍵，玩得不亦樂乎。這時，正在做家事的奶奶看見了，馬上把遙控器搶了過來，然後厲聲說道：「不要動這個，這不是你玩的東西。」

唐新雨正為自己的新發現而高興呢，被奶奶這樣的責罵，頓時很是難過，然後就大哭起來。他不知道，為什麼這麼好玩的東西，奶奶為還要阻止。

其實這個時候，奶奶不應該說「不要動這個，這不是你玩的東西！」這樣嚴厲的語氣，而是拿一件唐新雨感興趣的東西，來轉移他的注意力，然後再拿走遙控器。

這種情況很普遍，只要有孩子的地方，就能夠聽到命令似的語言。在很多父母的想法中，孩子不知道什麼，做父母的「教育」孩子也是天經地義。但是，父母們沒有去想過，在這種命令的語言下，其幼小的心靈會是什麼樣的感受？

在這種命令的語言下，會有不受尊重、不受疼愛的感受。一個人從小就覺得自己得不到別人的尊重和疼愛，長大以後又怎麼會去尊重別人？雖然老話說：「打是疼，罵是愛，急了拿腳踹。」但是事實證明，如果父母還是用這種方式去教育孩子，那麼孩子就會非常的叛逆。

一個人沒有孩子發言權和家長專制下成長起來的孩子，經常的聽父母說諸如「過來，去把碗洗一洗」「趕快做作業！看什麼電視！」等等指責的話，有可能會形成對強者唯命是從的習慣，養成懦弱的性格。沒有孩子喜歡聽別人的命令，想想，誰能忍受別人的喋喋不休，動不動就不可以這樣、禁止那樣、必須那樣？父母也不希望別人對自己這樣吧，孩子也是如此。

父母教育孩子的話可以換一種口吻說出來，比如父母能說「孩子，媽媽現在工作多，你能不能幫媽媽洗碗？」、「孩子，卡通演完了，你可以複習一下功課嗎？」看看，用這種語氣說出來，孩子接受起來會很容易，而且有利於孩子思維和判斷能力的培養。

有一天，我的侄子晨晨和社區裡的小朋友一起在草地上玩樂。因為媽媽不在身邊，所以晨晨就有了爬樹的念頭，要知道，媽媽是不讓晨晨爬樹的。他就開始手腳齊用的爬樹，一邊爬還一邊大喊著：「我爬上來了，我爬上來了！」其他小朋友都在為晨晨加油喝采。

這時我嫂子正好經過，聽到孩子們的吶喊聲，回頭一看，自己的孩子正在往樹上爬，嫂子本能的失聲大叫：「小心！不能爬樹！」孩子們被晨晨媽媽的聲音震住，全都轉過來看，晨晨也驚慌的差點掉下來。嫂子也嚇得不輕，心都快跳出來了。她趕緊跑了過去，把晨晨抱了下來，而晨晨的臉都白了。

事情過去了一個星期，嫂子一回想起自己當時的表現，就覺得自己太衝動。如果當時自己能冷靜下來，用溫和的語氣叫晨晨，然後再開導孩子，說明爬樹很危險，而不是大聲去命令孩子，就不會出現那一幕。

雖然媽媽是擔心孩子的安危，但那種命令的口氣也會讓孩子的心理有所恐懼，限制孩子的自主發展。

作為父母，應當選擇合適的方法去鼓勵孩子，讓孩子再探索中體會快樂，並關注著孩子的安全。既要時刻觀察孩子，也要會開導支持孩子，把自己良好的一面留給孩子，而不是用強制性的語言命令孩子。

也許有很多孩子在父母嚴厲的管教下，習慣了聽從父母的安排，但是他內心中就是心甘情願的接受父母的安排嗎？孩子只是沒有能力去反抗，等到這種情緒在心裡不斷積壓，爆發出來可能後果會非常嚴重。

一位美國心理學家曾經說過：「教育孩子最重要的是需要平等的對待孩子。給他們以無限的關愛。」用命令的語氣和孩子說話，不如蹲下來與孩子談心。

調皮是優點，不要責備「愛調皮」的孩子

在很多情況下，「調皮」更能展現孩子的聰明、富於想像力和創造力。作為父母，應該學會欣賞孩子的「調皮」，不要去斥責調皮的孩子，甚至可以和孩子一起調皮，讓孩子在調皮下學習，在調皮中進步。

但是在實際生活裡，很多父母採用打罵的方式去教育調皮的孩子，只看到孩子調皮的後果，而忽略了孩子在「調皮」中的想像力和創造力。這樣的斥責行為會深深傷害到孩子，傷害了孩子脆弱的心靈，對孩子造成非常不好的影響。

朋友的孩子朱帥上小學一年級了，他是個非常頑皮的孩子。朱帥最大的愛好就是玩泥巴，總是在泥土裡玩鬧，弄一身泥。朱帥覺得把那些土加上水，做成泥巴，捏出各種形狀，非常的有趣。

不過朱帥的爸爸不贊同孩子這個愛好。他總是批評朱帥不愛乾淨，把自己弄得像「泥巴人」，不知道父母買的衣服多貴。

這天放學後，朱帥又開始玩泥巴，還用泥巴做了輛小汽車。剛做成的時候，朱帥高興極了，

他忘記自己穿了一身新衣服。爸爸經過朱帥身邊的時候，朱帥完全沒有察覺，還沉浸在自己的「傑作」中。

爸爸一看朱帥一身的泥巴，頓時無名火起，他憤怒的抓起那輛剛捏好的汽車就往地上扔。朱帥見此著急了，他不顧一切的上去搶，並哀求爸爸：「爸爸，千萬別摔壞了，求你了！我現在就去做作業，我還會把衣服洗乾淨，真的！」

然而爸爸聽到了朱帥的哀求和保證，仍然把「汽車」扔到了地上。朱帥難過極了，他覺得摔壞的不只是玩具，自己心靈也受到了打擊。

為此他哭了，恨透了爸爸。這之後很長時間裡，朱帥都沉浸在失去玩具的痛苦中，一直都很難過，無論是上課還是回家，總是想著他的那件「玩具」，而且上課也不聽課，還常常分心，學業成績落後了不少。

直到這時，爸爸才知道自己的行為太過分了，他傷害的不是孩子的玩具，而是孩子的心。於是，爸爸想彌補自己的過錯，就專程帶朱帥去挖泥巴，並且幫朱帥重新做了一輛的「小汽車」。朱帥這才釋懷，笑容依舊。

當孩子調皮的時候，父母應當了解孩子調皮的真正原因。比如上面故事中的朱帥，像他這種調皮就是好事情。相反，從他的調皮中還可以看出朱帥的藝術天分和創造力。所以在這種情形下，爸爸應該誇獎自己的孩子，引出孩子的理想，並在合適的情況讚美孩子，讓其為了自己的理想而努力奮鬥。

這樣孩子就會聽家長的話，努力學習，還會因為有一位理解自己的爸爸而自豪。雖然朱帥的爸爸犯了錯誤，但是能夠及時的發現，並彌補了它，所以不會破壞孩子的天賦。在許多父母的眼中，調皮的孩子就表示不聽話，是叫人頭疼的孩子。其實那些不聽話的孩子反映出了一些特質。所以，對於那些愛調皮的孩子，父母要學會讚美，並正確的引導他們，比如：針對性帶孩子看兒童劇場、逛公園、參觀展覽，或者學習唱歌及繪畫。這些都是不錯的引導行為。

當孩子調皮的時候，父母最好不要生氣，應當從孩子的調皮中看到孩子的優點，及時給予孩子信心和鼓勵，透過正確的引導，讓孩子在調皮裡學到知識，明白事情的看法好壞，進而走向正確的道路。

附：父母應該經常對孩子說的十八句話

你想做的事情，由自己決定。

不要依賴別人，自己去做。

你要適當的磨練一下自己。

要為自己選擇的路負責。

你去嘗試一下，也不錯啊？

要有勇氣、毅力。

只有管好自己，才能邁向成功。

學會自己去解決。

跌到了，要自己爬起來。
上學要自己去。
你去嘗試一下，好嗎？
凡事都要有個計畫，學習也一樣。
把時間看得重一些，是對生命負責任。
你再好好思考思考。
有不懂的就問，不要害羞。
你就按自己的想法去做吧。
完成作業再去玩，是不是很開心？
只要努力，下次就一定能考好。

第三章　不要用自己的錯誤放大孩子的缺點

盲目比較，會讓孩子喪失自信心

嚴苛的家長對孩子的要求非常挑剔，特別是喜歡拿別的孩子的優點與自己家孩子的缺點點比較：「你怎麼這麼笨，每次考試都墊底，看人家蘭蘭考試常常都是班上前三名。」或者「你是怎麼了，又搗亂，人家的明明比你小，還比你懂事多了。」「你為什麼不能像晶晶一樣坐在那裡看故事書？」

在這些嚴苛的家長眼裡，他們的目的是希望自己的孩子能向別的孩子學習，卻沒有想到這樣做會傷害到孩子。因為孩子的內心是非常脆弱的，他非常需要父母的理解與支援。每一句鼓勵人的話語，都會變成孩子內心中的陽光；而一句鄙夷的斥責，都會讓他脆弱的內心受傷。

我的孩子當上了衛生股長，他高興極了，回到家就馬上對媽媽說：「媽媽！我被選上衛生股長了。」希望這樣可以讓媽媽高興一下，沒想到媽媽連頭也沒抬，滿不在乎說：「有什麼激動的！衛生股長就能讓你這麼高興？人家蘭蘭比你小一歲，早在學校當班長了！」

孩子聽了媽媽的話，心裡感覺很委屈，他從來都沒有當過班級幹部，這是第一次當上，還付出了不少的努力，跟老師做了不少保證，向同學說了不少好話，才讓他當這個班級幹部。他心裡很高興，希望媽媽也一樣的高興，沒想到媽媽並沒有覺得這是件多光彩的事情，這讓他心裡很失落。

這種情形在日常生活中並不少見，不管孩子獲得什麼樣的榮譽，父母總是覺得不夠好，不知道鼓勵自己的孩子，還總是用孩子與別人家的孩子比較，總說自己的孩子不如人家的，認為以此可以督促孩子進步。然而效果並不是那樣的好，責備的次數多了，孩子就會以為自己沒有優點，會表現很擔憂，甚至會產生厭世的情緒，影響孩子健康的發展。

有些父母一到孩子回家，就開始沒完沒了的嘮叨，說的內容也就是「你看隔壁的某某總拿第一，比你聰明多少」，或是「你看我們社區的誰誰和你是同班的，每次考試分數都要比你高」之類的話。這些責備的話會讓孩子無所適從，不知道怎樣做父母才會開心。

父母對孩子的期望總是在孩子能力範圍以外，讓孩子總是處於被譏諷中，得不到內心的滿足，這是在給孩子留下傷痛。每個孩子都是有長處的，為什麼總要比？身為家長，應該對孩子採用表揚的態度，要明白的是，大人在公司被主管表揚以後，工作就會更加的負責認真，更不要說是孩子了。

孩子每天聽見的是誇獎別的孩子，而把自己說的毫無優勢，往往會很沮喪。在這種環境下成長的孩子，就會失去自信心，覺得自己一無是處，產生自卑心理，甚至會有自暴自棄的行為。這些消極的意識就像是人生中陰影，而且會對親子關係產生不好的影響，導致讓孩子在很多場合都會退縮，甚至可能會誤入歧途。

當然，家長是出於善良的本意，一個榜樣可以達到積極引導的作用，但是，總拿別人家孩子的優點與自己家孩子的缺點比，對孩子是不公平的。如果家長真想給孩子找一個「目標」，可採取以下的具體措施：

1　讓孩子與榜樣接觸。希望孩子在別人身上獲得優點，無論是向同學、親友或是鄰居學習，最先做到的就是可以讓孩子有接觸這些人的機會。比如說讓這些人與孩子玩樂，或是一起學習。在相互接觸的過程中，孩子自然會與榜樣進行交流，並受到他的影響。

2　當孩子發自內心的在讚美一個人的優點時，應當讓孩子加深印象。至於如何去強化，方法不能太簡單，也不要太直白。比如：你不能夠對孩子說：「既然人家有那麼多的優點，那你就應該成為他那樣的人。」或者說：「你早就應該和人家學一學！」發表意見的時候應該帶有暗示性，比如：你可以說：「我覺得你眼光不錯，他確實做得很漂亮。」或者說：「他做得不錯，其實有些時候你做得並不差。」

3　父母也需要榜樣。孩子找自己的「目標」，作為家長，也應該找自己的事蹟。那些電視上宣傳的模範人物，親朋好友或業績突出的同事，他們中都有自己可以借鑒的地方，對此，家長應該表現出一個積極回應、學習的態度，並且用實際行動去表示。

最好別拿孩子的缺點與別人的優點進行比較。這不僅會傷害到孩子的自尊心，還會讓孩子產生自卑的心理，從而讓孩子失去自信，自暴自棄。

埋怨，只會加重孩子的心理負擔

有的家長會埋怨自己的孩子說：「我說過多少次了，你就是不聽。這次倒好，你闖禍了吧」或「我和你不止說過一次，提醒過你，你就是不信。現在事情弄得這麼糟。」

事實上，這些埋怨不會達到什麼作用。孩子因為沒有按照父母的話去做，才致使出現問題，其實孩子心裡很清楚，父母沒有必要總提及，也會自我反思。然而家長為了彰顯自己的英明與遠見，不斷埋怨孩子，結果只會讓孩子內心不安、苦惱和煩躁，甚至對父母的排斥感。

記得孩子上小學二年級的時候，拿著那張不滿六十分的卷子，看著上面都是叉叉的文字，當時媽媽氣就不打一處來，無法控制自己憤怒的情緒。把試卷往孩子面前一扔，惡狠狠瞪著孩子：「你總是不及格，真不知道你上課都做了些什麼！你長腦袋有用嗎？平時讓你用功就是不聽，讓你寫單字也不寫，整天就知道玩！玩！玩！你就這樣吧！不知羞恥！我都替你丟人！你不知道父母養你不容易啊！你就這樣給我丟臉？」

狂風暴雨的一陣責罵、數落，孩子痴愣愣的看著母親，大氣不敢出，眼睛濕潤了，而媽媽還是沒完沒了，言辭激烈的批評他。認為孩子是不可饒恕的，直到自己沒力氣了，她才停止了埋怨。孩子站在牆角處，一句話也不敢說。

相信這樣的一幕在很多家庭中都出現過，埋怨孩子的家長需要自我反省一下。孩子成績不理想，父母就這樣不停的指責，把所有的錯誤都歸咎於孩子，卻不從自己的身上找原因，這種做法很滑稽。與其說孩子笨孩子懶，不如說自己的教育方式不對，沒有達到教育孩子的目的。

很多父母在孩子學習不好時，總是不停的埋怨孩子，認為這樣才會讓孩子長記性，效果會更好。其實這種想法是錯誤的，這樣做不僅不能達到預期目的，還有可能引起孩子的反感，結果總是讓家長更加的生氣。

在經受困難與挫折的時候，孩子最需要的就是理解、慰藉以及父母的引導和鼓勵。父母應該對孩子的錯誤進行寬慰，說明孩子改正錯誤，而不是埋怨自己的孩子出錯。因為當一個人遇到困難的時候，心理上最需要別人的理解以及鼓勵。作為孩子，希望父母鼓勵自己，而不是喋喋不休的指責。

老同學于海霞的兒子上小學六年級，雖然非常想刻苦學習，但是缺乏耐性，所以學業成績一直不是很好。于海霞為此督促過孩子多次，埋怨兒子不能堅持。這天，公司的業務非常多，她忙了一天非常累，回到家的時候已經很晚了。兒子開著燈在學習，燈光非常刺眼。她就忍不住的說了一句：「媽媽已經很累了，你也不知道體諒一下媽媽，你把燈弄這麼亮我沒辦法睡覺。」

說完以後也沒看見兒子關燈沒有，就爬上床去休息了。夜裡突然驚醒的時候，她看見兒子的屋子裡燈沒有關，心裡想著：燈怎麼還亮著？可能是孩子睡覺以前忘記關燈了。於是于海霞起來幫孩子把燈關上。

來到孩子的房間，她嚇了一跳。原來在孩子的床頭燈上，還覆蓋著一塊墊子，于海霞在關燈的時候，發現墊子已經很熱，很可能會燒起來，當時燈就在孩子腦袋前面。要是她沒有醒過來關燈，萬一房間著了火，那……于海霞有些害怕，後果真是不堪設想。

她心裡非常難過，幸虧這次沒發生意外，孩子用墊子把燈罩住，是因為害怕媽媽埋怨他、教訓他，所以盡量不讓燈光太刺眼，給媽媽有一個好的休息空間。于海霞想到了這點後，睡意全無，眼睛也濕潤了。

你看，正是這一句無關緊要的埋怨，險些出了事故。其實，孩子在這段成長的階段中，不可能把所有的事情都做得很圓滿，作為父母，應該允許孩子在成長中犯一些錯誤。大人有的時候失敗了，有障礙自己會原諒自己，為什麼不寬待孩子呢？況且埋怨對改變現狀沒有任何好處，解絕不了實際問題。

也許有些父母認為、埋怨孩子可以讓他更加的懂事，但是需要明白的是，指責、埋怨遠不如良好的教育，讓孩子沒有辦法真正意識到錯誤。

孩子犯錯是比較正常的事情，如果父母總是指責孩子，只會讓孩子心裡更加的沉重，會影響孩子正常的心理健康，甚至導致孩子在心理和精神上出現問題。

非打即罵，不能讓孩子心服口服

在當今社會，有很多父母不知道以平等的身分去教育孩子，當孩子有反駁的情況，或者與父母理論的時候，父母一般就會以家長的身分給孩子施加壓力，其實這種做法是非常不講道理的，沒有給孩子解釋的機會，不向孩子問明原因，就開始給孩子施加壓力。

在剛開始的時候，這種方式看似非常有成效。孩子可能連反駁的機會都沒有，完全按照家長的指示去做。那是因為孩子沒有能力去反抗和反駁，但是在孩子們的內心深處有非常大的排斥感。他們內心中認為自己是正確的，甚至還會產生反向心理。

父母這種以家長身分的強制教育方法是沒有辦法達到教育孩子的作用的。這就像是兩個人在吵架，理虧的人反而聲音特別大，希望用氣勢壓倒對方。父母在教育孩子沒有好的方法的時候，就用自己家長的身分去壓制孩子，實際上在這種情況下已經表明父母不占任何道理。父母不要覺得自己的孩子小，什麼都不懂，其實只要再過一點時間孩子就知道了，更何況孩子在天性中就有反向心理，往往父母越是去禁止什麼事情，孩子卻非要做什麼。

而且，父母總是用這種方式去訓斥自己的孩子，那麼就會讓孩產生條件反射，之後父母不管要求孩子做什麼事情，孩子都會想辦法和父母對抗。

所以，父母在對孩子進行教育的時候，一定要注意，千萬不要因為自己的情緒低落，就把肚子裡的氣全都撒在孩子身上，這樣的做法是沒有辦法讓孩子認識到自己的錯誤的。而應該做到實事求是，能夠客觀冷靜的告訴孩子哪一方面做錯了，並且讓孩子清楚危害，讓孩子從心裡面知道自己的行為是不正確的，從而產生悔改之心，只有這樣才能讓孩子明事理、受教育。

但有的父母也會說一些抱怨的話，這種教育讓孩子沒記性，犯過的錯誤還是會重複的犯。但是，作為父母，在面對孩子有錯的情況下，有沒有考慮自己教育孩子的錯誤，訓斥他們的理由？假若在孩子出現問題的時候，只是向孩子發脾氣，臭罵一頓，很難達到對孩子的教育作用。為什孩子會重複的去犯一種錯誤，就是因為父母在教育的時候沒有向孩子說清楚，孩子不知道自己為什麼會被打罵，這樣就不會對自己的錯誤有更深刻的認識。

另外，父母對孩子進行大聲的斥責，還會造成非常不好的影響，有很多孩子，本來膽子就非常小，對父母有一種畏懼的心理，父母說什麼事情都會乖乖聽話，孩子自己就不會考慮事情的對錯，這樣就讓孩子喪失了獨立思考的能力。父母以為這樣就可以教出一個懂事的孩子，可是實際上卻養出了一個缺乏主見、沒有判斷能力，性格軟弱的孩子。

有的時候父母也是不講道理的，有的孩子會弄加以反駁，這也說明了在孩子心裡有自己的主見，這是一件好事，正確的做法是父母聽取孩子對於事情的看法，並且會適當的肯定孩子的意見，之後再耐心的講明道理。

這樣一來，孩子也會把自己的看法與父母的意見進行對比，從中領悟到是非對錯，這樣做的結果往往比訓斥打罵孩子更有效。

所以，作為家長，批評孩子一定要讓孩子明白道理，只有這樣才可以達到教育孩子的目的。因此，家長在教育孩子的時候一定要注意策略，需要對這幾點注意：

1 父母在孩子犯錯的時候觀念要達成統一，如果父母的意見就不是統一的，那麼孩子的認識就會產生偏差。

2 父母在批評孩子的時候往往是聲色俱厲，這種情況就會傷害到孩子的內心。所以父母應該把表情進行一下改變，例如父母可以面目凝重、神態嚴肅的對待孩子的錯誤，聲音可以大一些，但是不要嚇到孩子，相反，也可以把語氣變得更低沉一些，就好像是與孩子談心，並且要學會與孩子在心靈上的溝通。

3 有的家長在批評孩子的時候總是絮絮叨叨沒完沒了，結果就是沒有一句話是說到正題上，說了一大堆沒用的話和傷害孩子的話，這樣就會讓孩子產生反向心理，結果，孩子就會當作耳邊風。因此，父母在批評孩子的時候不要沒完沒了，一定要言簡意賅，符合題意。

4 不要對孩子妄下結論，亂定義。父母不要因為某件事情孩子做得不好，就說孩子不聰明，頭腦笨。

5 父母不要記仇，父母千萬不要因為孩子的這次錯誤，而把孩子之前所犯過的錯事重新數落一遍，這樣只會讓孩子更加反感，內心覺得自己只要是犯了錯誤，將永遠無法擺脫，既然無法擺脫，那麼改正又有什麼用。

6　批評孩子一定要做到客觀，實事求是，就事論事。告訴孩子他犯了什麼樣的錯誤，並且說明孩子分析之所以犯錯的原因，以及這一錯誤會帶來什麼樣的後果，父母的感受如何等等，千萬不要誇大孩子的錯誤。

7　不要在外人面前批評孩子。父母千萬不要在公共場合，或者是孩子的朋友面前批評孩子，一定要給孩子留面子。對於孩子的錯誤，最好是在兩個人之間進行。

8　父母在教育完孩子以後，不要把過於嚴肅的表情呈現在孩子的面前。比如：有的家長因為孩子的一個小錯誤，就總給孩子臉色看，甚至不再關心孩子。父母這樣做，只會讓孩子心理承受巨大的壓力，不利於孩子的健康成長。

總之，在教育的問題上，父母應該用正確合理的方式，千萬不要把脾氣傳給孩子，這樣不僅會讓孩子的成長造成傷害，還容易把孩子與父母間關係搞得非常緊張。

羞辱挖苦，只會傷害孩子自尊

和成年人相比，孩子在思想、力量、知識等方面比較薄弱，但是他的心理有一種學習大人的那種期望。如果家長總是對孩子幼稚的想法嘲笑，把他當成孩子，自己不希望孩子成為的那種人，那麼孩子在內心當中就會有「不如大人」的思想，而且這種思想會越來越強烈，這樣就會讓他很難真正擺脫幼稚。

孩子思想都是很單純的，而且心理也比較敏感。那些冷嘲熱諷的話就像是一把尖刀，讓孩子的內心傷痛不已。有的父母孩子喜歡用嘲笑孩子的方式去教育孩子，認為這樣可以激勵孩子。比如：「就你唱歌這麼難聽，還想當歌星？做夢吧」、「別做夢了，你怎麼可能會做這個」……這樣的話總在孩子面前說。

可是，你憑什麼斷定孩子不行？你為什麼要對孩子冷嘲熱諷？一個四年級的孩子把一道簡單些的算術題做錯了，媽媽馬上在旁邊說：「你不會數數吧，這樣的題都能做錯了。」這位媽媽應該明白，如果別人也嘲諷她做不好事情，她心裡會好過嗎？將心比心，做父母都忍受不了別人奚落自己，更何況是孩子？父母既已知道這樣做會傷害孩子的內心，為什麼還要將它加之於孩子身上呢？

有一天，同事問女兒師梅園：「梅園，你長大以後想做什麼啊？」梅園很認真回答爸爸說：「我以後要當最好大學的校長！」結果媽媽卻在旁邊插話說：「切，兩門功課都不及格，還想去當校長？你也太幼稚了！」

師梅園不由想起了這次期末考試的成績，羞愧低下了頭。

拿破崙這樣說過：「不想當將軍的士兵不是好士兵。」在這個世界上，只要肯努力，就有可能實現自己的夢想。最重要的是，首先你要有自己的理想。孩子長大想成為大學的校長，這是個偉大的理想，然而案例中母親卻用冷嘲熱諷的話語讓孩子的自信心徹底消失。理想和現實本來就是有一段距離的，但是自己內心當中如果沒有理想的概念，又何來奮鬥的目標和動力呢？

孩子是應該受到鼓勵的，卻遭到媽媽的一通冷嘲熱諷，我們可以想像到，孩子的內心會非常糾結，可能就會對自己的理想放棄。這對孩子的傷害是嚴重的。孩子的成長是一個變化發展的過程，會出現很多意想不到的改變。父母總是用「老眼光」去看孩子，是不正確的，即便了解孩子的秉性、知識、天賦，也不可能真正斷定孩子將來能做什麼，或是以後不能成為什麼。

一些口才不是很好的父母，挖苦起孩子卻是滔滔不絕，我們總是會聽見有的父母對孩子說「哎呀，你怎麼刻苦起來了，真是太陽打西邊出來了。」「喲，分數不低啊，真是不可思議啊。」……真是把嘲諷的話說遍了。也許父母可能沒有想過，這些刺耳的聲音，是一種人身傷害。這些話尖酸刻薄，甚至冷酷無情，就像一把軟刀子插在孩子的心上。

有些父母，在孩子主動幫忙做家事時，說：「你今天反常了，這吹的是什麼風啊」其實，父母應該說的話是「謝謝你幫忙」。可是父母語言中帶有譏諷的含義。把話說得酸溜溜的。

這些尖酸刻薄的話，它傳達的資訊就是對孩子的不信任，對孩子取得的成績不屑一顧，是對孩子人格的侮辱。它就像一把鋒利的劍，深深傷害著孩子稚嫩的心靈。父母可能沒有意識到這樣會傷害到孩子，其實這些痛苦要比肢體上來的更嚴重。

這種語言不是表面的傷痛，可以一眼看到，正因為如此，有的父母一般都不會在意這種傷害，尤其是用譏諷的話語這種「惡毒的武器」，讓孩子的心靈受到傷害。即使這種語言「攻擊」只是幾次，傷害卻停留在孩子內心當中，可能孩子的一生都沒有辦法從陰影中走出來。

也許父母說出那些刻薄的話，本意並不是想去譏諷孩子，但是一張嘴可能語氣就變了味。這是因為父母覺得孩子是附屬品，是自己生的，自己說什麼話孩子都要聽著。這種自以為是的行為，完全沒有顧及到孩子個人的情感和情緒。

孩子年紀雖輕，但有自己的情感世界和人格尊嚴，被人嘲諷，孩子心裡會很難過。作為父母，你真的希望讓孩子受到傷害？孩子犯了錯，父母應該教育孩子，就應該採用溫和的話語，並指導孩子並鼓勵孩子。

假如有一道很簡單的數學題目做錯了，父母應該用溫和的話語指出，讓孩子在家長的幫助下找到哪做錯了，並鼓勵孩子下次不要這麼粗心大意。其實，這樣做並不是很難。如果父母總是譏諷否定自己的孩子，那孩子怎麼還會有信心和動力去學習？父母教給孩子的，應該是如何去處理人際關係，讓孩子能夠舉一反三。

要讓孩子能夠發揮自己的優勢，才能會引起孩子的興趣，那麼，孩子有錯的時候，請用真誠坦率的話語去教育孩子；在孩子取得進步時，學會積極引導和鼓勵，這樣才利於孩子健康成長。

干預壓制，會讓孩子更加叛逆

教育孩子，越壓制孩子，孩子反而越叛逆，有的人心中就會有疑問：孩子不嚴加管教怎能行？難道對孩子嚴厲是錯誤嗎？

管教嚴格是需要對什麼事情嚴格，沒有原則的壓力管教就會適得其反。嚴管需要有度，不然可能就會造成孩子的心理偏差。

主管的女兒叫思思，今年十三歲了，主管一家對她的期望非常高。思思的爸爸在她很小的時候就制定了嚴格的「行動計畫表」，以及學習娛樂計畫。早上起床的時間、吃飯的時間、上學的時間、放學回家的時間，所有時間的安排誤差都很小。除此之外，思思還要參加各種補習班，週六週日晚上還專門請了家教上門授課，就連女兒結交朋友的事也要管，不僅不讓學習不好的孩子交朋友，家庭條件差一些，同學父母地位差的也在其中。在爸爸這種高壓管教下，思思的學業成績一直名列前茅，親朋好友都拿思思當做孩子的榜樣。每當朋友向思思的爸爸交流經驗時，他總會自豪說：「管孩子就要嚴，不能讓他們想幹嘛就幹嘛！」

如果思思總是這樣優秀下去，全家就會高枕無憂，但遺憾的是還是出了狀況。由於處於青春期，優秀美麗的思思收到了同班同學的「情書」，一向是所有事情都要向家長彙報的思思沒有把事情告訴父母，而是把「情書」夾在一本書裡。一天，思思的爸爸找東西時，不小心發現了「情書」，晚上就在客廳裡，爸爸陰沉著臉問思思是不是談戀愛了，思思不承認，一人一句就吵了起來，怒火之下思思爸爸打了思思一巴掌。從此以後，思思就像變了一個人，不愛說話，課業越來越差，無論爸爸如何去開導，她彷彿就像沒聽見，越來越叛逆。

為什麼這個乖乖女變得這樣叛逆？直接原因就是家長絕對的高壓管理和限制人身自由。教育孩子的嚴格程度是需要限度的，不是草木皆兵，不是捕風捉影。如果孩子的行動受到太多的限制，做什麼事情都不能按照自己的思維去做，那麼長大之後必然會反抗。平時管得越多，到青春期時叛逆的情緒也就越大，對孩子未來的人格的形成影響也就越大。在高壓管制下孩子可能會表現得很乖巧聽話，但是這只是表面現象，表面非常平靜，但是心裡卻已經開始反抗。

每個人都希望能夠做自己的主，如果你不能夠讓孩子很好的釋放自己，孩子的怨恨就會在心中積壓，積壓到一定的時候突然爆發。也許思思可以跟爸爸解釋事情的經過，但她已經對爸爸的行為非常不滿，抓到這個機會反抗自己的父母，所有父母反對的事情都要去做，就是要和父母唱反調，到這時父母需要反省自己是否有教育過失的地方，對自己之前做的事情進行反思。

「中庸」在教育中有非常獨特的含義。在兒童成長為青少年直至成年的過程中，就需要父母去把握一個度，滿足孩子內心中的平衡感。這也對為什麼高壓教育會讓孩子反抗的程度越來越大的原因，需要去感受小時候沒有經歷過的事情，心理上就會失去平衡，而這種缺失希望在未來的某個時間內找回，最有可能去體驗未感受的時間就是在叛逆期。為了讓叛逆期的反抗力度變弱，家長對孩子的嚴格程度也要適中。

「嚴管式」的教育方式對於上一代人比較有效，但是在資訊科技發展飛速的今天，束縛式教育已經不適合當今社會的發展，多接觸社會，多接觸人才可以讓孩子清楚看清真實的世界，這對孩子未來的發展是利大於弊的。嚴加管教只會讓孩子明辨是非、判斷黑白的能力喪失，而家長只是窺探孩子隱私。讓孩子有自己的成長空間，讓孩子知道自己的權利，在未來社會才可以有能力保護自己。

不要恐嚇孩子

孩子年紀比較小，對父母說的話深信不疑。孩子的心靈也很柔弱，往往會因為家長一句不可能實現的威脅而產生陰影。在家庭教育中，我們經常會把孩子對家長的依賴作為威脅孩子的「緊箍咒」，逼迫孩子按照自己的思維方式為人、做事。當孩子的表現與家長的目標不同時，為了管教孩子就說「再不聽話你就走吧」這樣的語言對孩子進行威脅，期待孩子因為對這些事情的畏懼而聽從父母的管教。但情況並不像父母所預想的那樣，威脅不僅讓父母在孩子面前喪失威信，更會扭曲孩子的心靈。

小姑的兒子展博今年六歲，是一個活潑好動的小男孩，四肢靈活，特別愛運動。展博平常最喜歡的是玩足球，每天都玩很長時間，而且還研究出很多動作，總是樂此不疲。

今天是週末，媽媽休息，正在家裡不停的做家事，展博抱著漂亮的足球看電視。電視裡正好播放花式足球比賽，展博看得出神。

電視節目裡的花式足球真是非常精彩，動作又穩又準。看了一會兒，展博有些技癢。他想，「這樣沒什麼，我也會啊！」於是，展博就拿著自己的足球模仿起來。

開始的時候，展博也就在沙發上拍一拍足球。這樣的玩法也是非常單調的。過了一會兒，展博認為把足球扔得遠一些更好玩。他一邊扔足球，一邊嘻嘻的樂著。

這時，媽媽聽見有撞擊玻璃的聲音，忙走過來警告展博，不要把足球扔到玻璃上。可是，媽媽剛回頭，展博還是把足球往玻璃上扔。這樣重複了幾次，媽媽生氣了，只有用殺手鐧。她對展博說：「如果你再往玻璃上扔足球，我就揍你，知道了嗎！」

展博看見媽媽那種嚴厲的眼神，什麼也沒說。過了幾分鐘，客廳裡傳出了響亮的聲音，展博在丟足球的時候把玻璃砸壞了。後來的事情可以想像，展博被媽媽揍了一頓。原本快樂的週末也高興不起來了。

在孩子調皮的時候，就會威脅孩子讓孩子保持安靜。也許因為父母覺得只有威懾住孩子才能讓他聽話。但是，父母們卻沒有意識到，禁止孩子不要做某件事情，說這事最後一次，就好像鼓勵孩子去重複做。例如：當孩子接收「如果你再這樣做一次……」的時候，他不會聽到如果兩個字，只會聽見「再這樣做一次」。有些時候，他把這句話理解為：「媽媽希望想看見我這樣做，這樣做她會開心。」

因此，這些話在成年人眼中的威懾力，但是對孩子來說，卻成為了鼓勵的話。他肯定會再次重複這件事。因為你的威脅是對孩子自主意識的警告，孩子的自尊心會驅使他再去重複一次，以顯示出自己「不怕事」。

有一些比如說：你再動一下……，如果你再不聽話……，你再說一句……。

當孩子總是做出相同的錯誤行為時，家長不用威脅孩子也可以避免克制那些錯誤的行為。例如：當展博不聽話時，媽媽可以走過去，沒收展博手裡的足球，用實際行動期驗自己說的話。而展博就在自我意識沒有損壞的情況下接受教訓，讓他知道犯錯必然會受到責罰。對他來說，媽媽就會給他這樣的資訊：要是用足球扔玻璃，就會喪失玩足球的權利。

妹妹的女兒妮妮從小就是由我父母帶大，老人都很疼愛孩子，平常總是溺愛著她，所以就有些任性。

妮妮三歲的時候，妹妹妹夫將她接到自己身邊，以便讓妮妮就近上幼兒園。妮妮離開祖父祖母有些不適應，跟妹妹妹夫間總會有一些衝突發生。例如：以前在睡覺以前，妮妮的祖父都會給她講故事才會睡覺。離開祖父祖母之後，因為妹妹妹夫的工作比較忙，有時候妮妮就聽不到故事了。就像今天，媽媽因公出差，爸爸工作很忙，所以沒時間給妮妮講故事，於是妮妮就開始發脾氣，哭了起來。

妮妮的脾氣很大，不管爸爸怎麼安慰，任性的女兒還是哭個沒完。妮妮爸爸靈機一動，對妮妮說：「那爸爸給你講個故事吧！」妮妮心裡高興極了，雖然妮妮還哭著呢，可是已經對故事產生了興趣。

開始的時候，妮妮很著迷。她完全被故事迷住了，覺得自己就是故事中的女孩小紅帽，正高興與森林裡的小動物玩遊戲，而且還去外婆家探親。然而，當爸爸講到小紅帽被大灰狼吃掉的時候，他的臉上故意做出恐怖的表情，還將嘴湊到妮妮跟前，還做出要吃掉女兒的樣子，這可嚇壞了妮妮。而且爸爸最後還對妮妮說：「你要是再哭，大灰狼就會把你吃掉！」

妮妮馬上停止了哭泣。妹夫覺得很得意，認為自己的辦法可以讓孩子聽話，但是從此以後，天一黑妮妮就開始害怕，而且不敢單獨一個人睡覺，不管爸爸如何哄，都無濟於事。

妹夫可能不會想到，恐嚇對於孩子來說傷害是如此的巨大。

首先，幼兒正在處於發育的階段，恐嚇就會加重孩子內心的壓力，加重內心衝突，讓他無法正常成長。假如時間一長，就會導致內分泌紊亂、內臟功能紊亂，從而影響到消化功能。

其次，恐嚇還會影響孩子個人品格的塑造。父母如果總用一些虛擬的、恐怖的東西去恐嚇孩子，孩子就會對周圍環境造成條件反射，對同類事物產生畏懼，造成軟弱、懦弱、膽小的個性。

最後，恐嚇會讓孩子產生錯誤的觀念。一旦孩子心中對某件事情有所恐懼，就需要很長時間才會糾正思想觀念。

因此，聰明的父母最好不要為了讓孩子聽話去恐嚇孩子。

這些話是不允許說的：再不聽話，就不要你了；再這樣，大野狼就來了、再吵的話，警察就把你抓走。有時候，孩子會找一些不合常規的事情無理取鬧。面對這樣的情況，家長不需要當面訓教，而應正確的引導孩子。例如：妮妮的爸爸可以把故事的全部都告訴孩子，然後轉移孩子注意力，告訴她：如果今天你不聽故事，等媽媽回來，可以陪妮妮玩遊戲。在一般的情況下，孩子會因為明天充滿期待而放棄今天的事情。

假如你的孩子的要求總是拖拖拉拉，父母可能就會提醒他，例如你可以說：「你只能再玩五分鐘，五分鐘之後馬上走。」這樣留給孩子的是希望，而不是懶惰或者恐嚇。或者用許諾來代替威脅，如對孩子說：「我們快回家吧，這樣以後我們會再來玩」，這種方法有利於孩子形成對某件事情的勇氣和意志。

還有一種處理辦法是：當孩子總是拖拖拉拉，超出家長忍耐的限度時，去把他帶走，實際的行動會比語言更有效。

不要讓自己的情緒影響孩子

孩子對周圍發生的事情都非常敏感，他們總是可以率先預知父母的情緒，並受到父母情緒的影響，而做出自己情緒的調整。美國科學家發現，父母的情緒總是在焦慮當中，他們的孩子就會產生健康問題，因為情緒是會傳染的，孩子的焦慮情緒也會隨之產生，影響了身心健康。孩子的思想還沒有成熟，父母就需要不將負面情緒影響到孩子。

有很多父母不知道自己的情緒會對孩子產生影響，總是把一些負面的情緒發洩到日常的教育當中，導致孩子受到不良影響，從而傷害到孩子的健康成長。最大的影響就是教育對孩子的影響。

同事小陳不久前離婚了，孩子劉明是一個才五歲的孩子，他的父母感情特別不好，總是吵架，還經常在孩子面前吵架，孩子總是看見父母吵架也變得很沉默。本來活潑聰明的孩子，性格變得越來越內向，總是低著頭，上課也不注意聽講。

後來父母離婚了，劉明由小陳撫養。而小陳也總在兒子面前說前夫的壞話，要劉明努力學習為媽媽爭氣，不要讓爸爸嘲笑。可是對於幼小的劉明來說，他對大人的世界一點都不了解，只知道爸爸很疼愛他，可是媽媽又說爸爸不是好人，這讓劉明很困惑，到底應該怪誰呢？

其實，父母之間發生的矛盾孩子是很難理解的，也難辨是非，父母的情緒和發言總是影響到孩子，就會讓孩子的想法變得偏激。有很多單親家庭的孩子長大後對人、家庭、婚姻都失去信心，這與小時候大人的情緒汙染是離不開的。

父母之間存在的矛盾，盡量不要把憤怒和鬱悶的情緒表現出來，而是需要對孩子說：就算父母以後可能不在一起，但是你依然是我們的最愛。這樣就可以減輕孩子心中的不安和焦慮。

有的父母對於一些氣憤或悲痛等不良情緒無法忍耐，就把自己身上的火全部撒在孩子身上，把不良情緒傳染給孩子，對孩子造成了極為不利的影響，自己在孩子面前也會威信全無，甚至造成親子關係的破裂。

我的老同學王澤因為工作出了問題，被經理臭罵了一頓，心情非常鬱悶。兒子王濤見爸爸整天沒有表情，家裡的氣氛太壓抑了，於是就在爸爸面前很壓抑，想讓家裡的氣氛變得歡快一些。然而爸爸卻大發雷霆，狠狠罵了王濤一頓，還用雞毛撢子打了他一頓。王濤被爸爸凶狠的樣子嚇到了，從那以後，王濤再也不在爸爸面前說笑了，一見到爸爸就開始發抖，低頭就走，也不說話。

其實工作中遇到問題很正常，情緒低落也比較容易理解，但是如果因為自己有委屈就把氣全發在孩子身上，那對孩子是不公正的，而且還會傷害到孩子幼小的心靈。其實喜歡讓別人關注自己是天性，更何況王濤是希望把氣氛變得融洽一些。但是爸爸的打罵傷害了孩子脆弱的內心，這也對父子感情造成了影響。

父母盡量在孩子面前克制自己的情緒，盡量不要讓孩子受到不良情緒影響。當遇到孩子有些頑皮的時候，應該把情緒調整一下，如果不能馬上調節過來，那麼盡量要克制自己，選擇沉默，免得忍不住就把怒火宣洩到孩子身上。

有很多父母不能管好自己的孩子，他們沒有找到孩子自身的優點，就會把這種失落的情感在說話當中表現出來，總是在孩子面前老生常談，唉聲歎氣的說「我看你沒什麼出息，將來也就做個工人」之類的話，讓孩子自尊心受到打擊，而且失去自信心。

有一個初中生，因為上課的時候看漫畫書，被老師抓到，並且告知其父母，結果因為這件事情而自殺。這真是讓人歎息不已，為什麼孩子因為如此的小事情就輕生呢？在遺書中可以找到答案，孩子是擔心自己的父母失望。

這是孩子的情緒受到父母汙染的下場，由此可知父母不好的情緒會對孩子有如此大的影響。

有的父母會在孩子面前表現出對某些事情或者工作的不滿，這些情緒都會影響孩子的健康發展，還會有一些偏激或憂鬱的情緒，對孩子的成長是非常不利的。

其實情緒可以考驗到孩子，如果不能合理的控制情緒，就不是稱職的父母。稱職的父母，就應該有良好的心理素養，可以掌控和調節自己的情緒，只有這樣才會對孩子有示範性影響，用溫柔和善的態度讓孩子心情愉快，提高孩子的心理素養。

作為父母，應該盡自己最大的力量給孩子創造良好的生活環境。讓孩子在充滿陽光和愛的環境中，健康茁壯的成長！

不要在孩子面前一直碎念

世界上是沒有完美的人存在的，沒有完美孩子，也沒有完美的父母。如果父母對孩子的成長過於苛刻。苛求完美，就會變得很絮叨，嘮嘮叨叨，說得沒完，讓孩子不得安寧，結果父母的話孩子根本就記不住。

有一位母親擔心自己的孩子學習不用功，不僅在家裡總是提學習的事情，而且與孩子在任何場合都不忘記和孩子談學習的重要性。看見倒垃圾的清潔人員，告訴孩子你如果不努力學習，就去掃大街；看見乞討的，你要是不努力學習，將來就可能要飯。所以孩子特別反感與母親出來，而且越來越自卑。孩子希望自己能安下心去學習，但母親越「教育」他，他就越不想去學習。

我們可以知道：對於是這樣孩子的教育，嘮嘮叨叨就會讓孩子反感，囉囉嗦嗦不會有好的作用。

有的父母會感慨：「我家孩子就是不聽別人說，真讓人操心。一句話要說好幾遍才記住。」究竟是，「同樣的事要說幾遍」，還是「總是重複一句話」，孩子才不聽話？既然父母總是說，孩子總是可以聽到這些話，今天沒注意，明天可以聽見，當然就不會去關注。

還有的父母抱怨說：「那孩子，不管你怎麼說，他就不理會你，跟沒聽見似的。」當家長的不覺得自己做事情有些過分？總是把一件事情在孩子面前不斷重複，他不煩才怪呢。誰會樂意聽重複不變的話？

經過科學研究發現：過於單調，總是一樣的話，就會讓人有習慣性的模糊視聽。也就是已經在聽了，但是根本不去想，這是在長時間內總是聽到一樣的聲音而導致的不去記憶。所以，做父母的，不要總是說孩子不聽話，也該靜下心來想想，是不是自己教育的方式有問題。

如果父母總是重複一件事情，那麼如何與孩子進行心靈上的溝通呢？和孩子一起參加有意義的活動，總是把反覆嘮叨，不如找一些有問題的話題去溝通，透過活動來尋找更合適的溝通話題，注重與孩子之間的交流。

王蕊是我不錯的朋友，後來當了老師。在一個班裡，有四個學業成績不是很理想的孩子，王剛、張傑、李穎和田園。為了讓孩子在活動中得到啟發，王蕊專門在星期天帶他們去溜冰場。

到了溜冰場，孩子們就「瘋」了起來，他們要不是講關於溜冰的事，就是表演溜冰技巧，或是練習溜冰，場面很活躍，孩子們活得很開心。在回家的路上，老師問孩子們有哪些心得時，氣氛很活躍，王剛說：「原來溜冰對身體有好處，我滿身是汗，感覺還很開心。」

張傑說：「我今天明白了什麼叫做優秀。真的，在溜冰場上，看到你們溜冰這麼好，內心真的很高興，多了一份自信，覺得自己比以前自信了不少。」

李穎說：「今天我是頭一回，在溜冰的過程中，我真的非常緊張，可以說是全神貫注呀！如果可以認真做一件事情，沒有做不好的。」

田園總結的說：「在娛樂中學習，大家在歡快的氣氛中學習，還領悟到了老師今天帶我們玩的深意。」

「噢，我帶你們來為什麼呢？不就是玩玩嗎？」王蕊問道。

同學們開始討論起來，老師讓我們來溜冰，知道學習也可以像溜冰一樣，失敗了，還可以爬起來，站直了，就不怕失敗，讓我們在學習的過程中，知道了進步是非常好的；讓我們學習的時候，也能像溜冰一樣全神貫注，全力以赴。

父母需要把自由選擇的空間留給孩子，不應該強制性的去指揮孩子，然後總是不停的嘮叨，那樣就不會有什麼作用。比如說：希望孩子把房間收拾了，對孩子說：「晚餐前必須把你的房間收拾好！」這樣強硬的命令，孩子不會聽這種聲音，如果父母看見孩子沒有反應，就反覆的去督促，結果就可想而知。但是！假如換一種口吻：「孩子，如果晚餐前你要是不忙，就把你的房間收拾一下吧。」這樣的語氣，就會讓孩子心裡踏實，不會因此反感，反而會讓孩子理解家長。給孩子一些喘息的空間，讓孩子留有選擇權，孩子自然會有條理的辦事情。

總是嘮叨沒有作用，不能隨意懲罰孩子：在對孩子反覆囉嗦沒有成效時，父母就要應對仔細了。因為孩子受到懲罰以後，就會很正常的與父母進行敵對。對年紀較小的孩子，最好要冷靜，他卻什麼都還沒做，再詳細的說出處罰的方式，但是要公正：「洗完澡才可以去看電視，這種說法比「除非你洗好澡，否則不准看電視」效果要好很多。馬上去懲罰年齡小的孩子，則要說「我認為你應該這樣做，但是我想你不會做，所以你就要承擔後果」效果會好一些。

對於年紀大一些的孩子說話應該尊重，「花應該澆水了，要不然會被太陽曬枯」或是「你應該在八點洗澡，因為你需要選擇合適的書籍，然後讀一會兒再睡覺」。孩子只是以為父母在嘮叨，假如父母作出合理的解釋，就可以得到孩子的理解。

永遠不要對孩子體罰

因為孩子犯錯就去懲罰他，往往都是事與願違。體罰孩子只能是把孩子推向另一邊。

這個報告的結果說明，體罰效果往往會達到反作用，它令父母自食其果，並讓事情變得更糟糕，史特勞斯的一個研究小組研究了一九八八年～一九九〇年間對美國八百多名六歲～九歲孩子的父母進行調查研究，並對比了體罰孩子與非體罰孩子教育違規犯罪的比例。

研究顯示：百分之四十四的父母表示，在接受調查一週內體罰過孩子，並且是在一星期體罰孩子兩次。如果不對其他因素進行考慮，如家庭的社會地位、父母對孩子的溫心照顧，體罰的次數越多，最終孩子的逆反行為也會越嚴重。

逆反行為包括：撒謊、欺騙、吹牛、自負，對待他人野蠻、刻薄、做了壞事毫不內疚，在學校違反紀律，與老師的關係緊張等。

老家的鄰居老李兩口子原來在一家水泥廠上班，由於公司經營不善，二人都下了崗。李父在外面蹬三輪，李母在家操持家務。他們將全部希望寄託在李子聰身上，希望他長大以後有出息。在教育方式上，李父始終相信「棍棒之下出孝子」，而李母覺得對孩子就應該溫柔，夫妻之間為此經常發生爭吵。

在這種家庭中，李子聰性格孤僻，成績一般。他上初中三年級，有幾次考試都排在了後面。李父十分惱火，對他進行「棍棒教育」。每當李子聰挨打後，李母總會給他幾元，要他做個乖孩子，不要惹父母生氣。然而這一切一點作用也不起，李子聰成績每況愈下。

一天晚上，李父在街上，發現幾個小混混正調戲一個女孩子，其中竟然有李子聰，而且手裡還拿了根菸。李父把他扭送回家，用繩子捆住打了李子聰一頓。事後，李母摟住兒子，哭著哀求他要爭氣，不要學壞。

第二天，李子聰像往常一樣背著書包上學，一整天沒有回家，在李子聰的床上，發現了一封信。信中說：「我總是讓你們生氣，我走了，等混出個人樣來我就回來。」李母很是焦急，而李父則大罵：「早死早好，你不可以去找他！」

五天後，警察人員到李家，告訴他們李子聰因參加一起搶劫被逮捕，這一天，李子聰離十六歲的生日還有一個星期。

在這個案例中，李父採用「棍棒之下出孝子」教育的方法，心中雖然也包含對孩子的愛，但是為了樹立家長的威信，強迫孩子服從自己，要求孩子承受體罰，直白的讓孩子服從，否則就立即打罵，行為野蠻。打罵只會得到孩子暫時的屈服，挨打的時候，百依百順，避開家長就會有一種重獲自由的感覺，就會去做壞事。長此以往，致使孩子養成惡性難馴的習氣。常受訓斥和打罵的孩子，對別人也會張嘴就罵，舉手就打，行為野蠻，也容易讓孩子誤入歧途。

香港的一位教育專家在她的一部著作裡就寫道：「多年以前，我發現了如何進行有效家教的一個小竅門，就是寬容孩子要比責罰孩子更加有作用。當時我的孩子才九歲。他總會在一段時間內發脾氣。事後他說自己無法控制自己的情緒，他一直以來，覺得男孩子就應該是這樣的。對於這件事情上，我沒有採取高壓式的管教，而是採取了鼓勵與獎勵結合的方法，說如果在一個月裡面不發脾氣，我就給他買一件他非常喜歡的但很貴的玩具。效果很顯著，在這一個月裡面他真的沒發脾氣，這時我對他提議，如果他願意的話，他是可以控制自己情緒的。從此一就不再亂發脾氣了。」

這位教育專家的經驗正告訴父母：父母只要肯花心思只要肯動腦筋，只要真正飽含著愛真正關愛孩子，就一定能夠找到合理而不偏激的教育方式，找到比體罰孩子更有效的教育方法。

教育專家研究表明：家庭教育，打罵孩子越少越好。如果父母懲罰孩子的次數過多，對孩子非打即罵，就會在孩子面前失去威信。孩子可能會因為捉摸不透家長的心裡而心存畏懼，但父母卻是無法得到孩子的尊敬。教育取決於尊敬而不是對孩子的「棍棒」懲罰與喋喋不休的「教育」。

因此，作為一位稱職的父親或母親，永遠不要讓孩子受到體罰與打罵。

附：父母批評孩子的五十句禁忌的話

1 貶損孩子的話——你就是個廢物，還能做什麼
2 戳孩子的短處的話——從小就是笨，上學了也不聰明
3 輕視孩子的話——你才多大，你知道啥
4 威脅孩子的話——你走吧，我不管你了
5 強迫孩子的話——你知道我們付出了多少嗎？你一定要堅持到底
6 給孩子下斷言的話——別異想天開了，你不行
7 誤導孩子的話——只要學業好怎麼樣都行
8 抱怨孩子的話——到處給我丟人現眼
9 誤解孩子的話——老師會冤枉你嗎
10 侮辱孩子的話——你就是個笨蛋
11 諷刺孩子的話——你要不是倒數第一，我就謝天謝地了
12 溺愛孩子的話——這個太危險，你不能做
13 哀求孩子的話——我的小祖宗，求你了
14 放棄孩子的話——你長大了也不會有出息
15 利誘孩子的話——只要你學業進步了我就給你新玩具
16 壓制孩子的話——你什麼也別想給我老實待著

附：父母批評孩子的五十句禁忌的話

17 懷疑孩子的話——這次成績不錯，你沒作弊吧
18 教孩子自私的話——你真傻，這事又和你沒關係
19 對孩子強硬的話——我是家長，你必須聽我的
20 令孩子傷心的話——你給我走，我不想再看到你
21 和孩子賭氣的話——你滾吧，愛去哪就去哪
22 對孩子冷漠的話——我不知道怎麼辦，自己看著辦吧
23 對孩子失望的話——你看來以後就這樣了，你是沒出息了
24 不講原則的話——是爸爸好，還是媽媽好
25 家長比較自卑的話——我們就這樣了，就看你的了
26 拿別人孩子比較的話——你看人家哪都比你強
27 情緒性的話——我造了什麼孽，生出你這個孽子
28 對孩子不耐煩的話——你自己看著吧，我都說幾遍了
29 傷害孩子自尊的話——一點記性都沒有，你能做什麼
30 說孩子不要強的話——你怎麼一點也不像我，這麼不要強
31 抹殺孩子好奇心的話——你怎麼這麼好奇
32 讓孩子不辨是非的話——真厲害！能在大街上尿尿了
33 教孩子沒有愛心的話——你自己都顧不過來，還有空捐款給別人
34 阻礙孩子進步的話——連班長都當不上，就是個小組長

第三章　不要用自己的錯誤放大孩子的缺點

35 無益孩子求知的話——你煩不煩，不會自己去找答案

36 讓孩子不認真做事的話——這樣就行了，別那麼認真

37 不允許孩子發表意見的話——小孩子你懂什麼，大人說話不許插嘴

38 打擊孩子學習興趣的話——學習非常苦的

39 給孩子過大壓力的話——我們全指望你了，就看你能不能有出息了

40 阻止孩子探索嘗試的話——你最好別去，我知道你不行

41 批評孩子說謊的話——就你還想騙我

42 護著孩子的話——你們怎麼不知道心疼孩子

43 無益孩子和同伴交往的話——你學點好，你交的朋友沒有一個學習好的

44 不相信孩子的話——你又說謊騙人，我不信了

45 瞧不起別人的話——瞧你同學那樣，一看就沒出息

46 對勞動認識偏差的話——你就把學上好就行了，別的不用你做

47 對金錢認識偏差的話——有了錢，你什麼都不用做了

48 不講誠信的話——我就是隨口一說，逗你玩的

49 誇大事實的話——有你之後，我沒消停過一天

50 讓孩子覺得不重視他的話——沒看見我在忙嗎

第四章　其實「壞孩子」不缺少優點

換個角度你的孩子就是天才

有的家長總是會有這種想法，「人家的孩子怎麼那麼好，聽話，學業又好。」然後一想到自己孩子，居然是那樣的，調皮、搞怪、不愛念書等，這時候不禁讓家長倍感壓力。

有句俗話說得好：「莊稼看著人家的好，孩子看著自家的好。」在所有的父母眼裡，自己的孩子都是令人憐愛的。可能因為對孩子的期望很高，父母對孩子的要求也變得非常苛刻，總是看到自己孩子身上的毛病，而沒有看到自己孩子優秀的那一方面。

一棵小樹，只要我們從不同的角度去觀察，就會看到不同的姿態，更何況是那些還未成年、剛剛懂事、活潑可愛的孩子。俗話說：「金無足赤，人無完人」，成年人也不能保證自己做得完美無瑕，更何況是那些稚嫩的孩子。

其實，只要我們從不同的角度去觀察，就會發現每個孩子身上都是有優點的。從不同的角度去觀察孩子，你就會有意外收穫，居然發現孩子身上有如此多的優點。學會從其他角度看孩子，才能從客觀的角度評價孩子，鼓勵孩子，讓孩子的生活更加輕鬆、愉快。

表妹有個剛上一年級的女兒，大家都叫她紅紅，她的數學總是學不好，成績很差。雖然她很努力，但是總是算錯數目。她的成績在班裡總在倒數幾名，於是老師經常幫她補習功課。但老師發現她很壓抑，學業也總是拉不上來，更不要說輕鬆快樂的學習。

紅紅的成績還是那樣的差，而她內心也非常自卑。有一天早晨，大家正在早自習，康紅紅的媽媽拎來了一個大袋子，她欲言又止，於是老師便問道：「您找我有事嗎？」那位媽媽紅著臉說：

「我把康紅紅的畫帶來了，請老師你看看吧。」說著就從那個口袋裡拿出了厚厚一摞的圖畫作品，那位老師和其他同學被這幾幅畫吸引住了眼球。跟同班的小朋友相比，她畫的實在是太好了，老師並沒有阻止同學們離開座位欣賞康紅紅的畫，同學們也不停的出讚歎聲：「哇，好漂亮！」

紅紅聽到這些讚美，羞怯的站了起來，可以看出，這個時候的她，一定是很高興的。老師見此，認為這個時候是給她增強自信的好機會，就在眾人的面誇讚道：「紅紅畫得真好，以後說不定能當個畫家！既然紅紅畫畫這麼棒，那麼透過努力，數學肯定可以提升上來，同學們，你們樂意幫助她嗎？」

從那以後，老師就開始帶領同學開展「數學與美術」的實踐活動，讓同學們用美術的方式把數學表現出來，而紅紅也因此對抽象的數學知識有了一定的理解。雖然她學習數學還很吃力，但是已經有了很多進步，而且敢發言了。她的繪畫作品還獲得了很多學校以及繪畫大賽的大獎，並多次發表在雜誌上。

可以說紅紅是幸運的，因為她有一個負責任的老師和疼愛她的媽媽。老師和媽媽都沒有因為孩子的學業成績差而存有偏見，而是從另外一個角度去發現孩子在另一方面的優勢，並讓孩子在其中發揮優勢。讓孩於獲得了很大的進步，也變得更加自信。

還有的孩子希望在大人面前表現自己，可能是因為行為有些偏激而不被家長認可。其實，只要從孩子自身的角度和思維去看這件事，我們就會發現孩子身上的與眾不同。

朋友的女兒王晶是個平常不愛說話，性格也很內向的孩子。有一次，她和媽媽參加一對新人的結婚典禮。同桌的一位阿姨誇了她一句說：「王晶今天真神氣啊！」王晶聽了非常高興，她告訴阿姨說：「我還能背兒歌呢！」阿姨笑了，於是逗她說：「是嗎？那你背一段給我聽聽。」沒想到王晶，還真背起來在幼兒園剛學會的兒歌，並在大家的誇獎聲中，背完了好幾首，媽媽在旁邊叫她不要背了，她根本就不予理會，只是一直在背下去，她覺得，如果這次不表現，就沒有機會表現了。

這種實例非常的多，其實每個孩子都有表現自我的願望。那些平時看起來很文靜，不喜歡說話的孩子，並不是不想在別人面前展現自我，而是因為周邊一些客觀因素限制了表現的機會，導致自己沒有表現的機會。如果有機會來臨，他們非常樂意表現出自己的長處，期待可以得到別人的肯定。

從另外一個角度看，只要父母給孩子展現自我的機會，比如有客人來做客的時候，讓孩子做端茶倒水什麼的工作，雖然這些事情不起眼，但可以充分滿足孩子的表現欲。如果孩子的表現行為不是很恰當，就應該正確的進行引導，讓他找到發揮自己特質的方式，讓他的行為真正發揮應有的作用。

學會換角度去看問題，經常鼓勵孩子，讓孩子收穫一股勇氣，給孩子未來的希望，讓孩子覺得未來充滿曙光。換個角度看孩子，你會發現你的孩子就是一個天才。

善於發現孩子的優點

每個孩子都有其自身的長處，所有孩子都在某一方面有所特長。某些方面的不足就會在其他方面有補充，也就是所有的人都有自身的優點，作為家長，發現孩子的優點是至關重要的，可以從孩子這些優點中找到適合發展的路途。

「良言一句三冬暖，惡語傷人六月寒」。在對孩子進行評價的時候，應該做到客觀、公正而不傷害孩子的自尊心。客觀的評價對孩子產生自信心達到很大作用。在教育中，父母既要看到孩子在哪方面存在不足，更要學會找到孩子身上的優點，學會正確的肯定、欣賞孩子，使孩子在贊同中變得越來越好。然而，在日常生活中，很多家長認為教育孩子就應該對孩子進行懲罰和訓教，不要對孩子的優點、長處總是放在心裡面，不動聲色，而往往對孩子所犯的錯誤，馬上做出懲戒、批評。這些家長沒有想過，沒有肯定和賞識，孩子就會在自己的抱怨以及批評中喪失自信心，甚至會產生不良的心理問題。

有一位著名的學者就曾經呼籲過：「天下所有的人都可以不欣賞您的孩子，做父母的都應該飽含深情的讚美、欣賞、鼓勵自己的孩子。」的確，幼年時期的一些表揚以及鼓勵，就可能改變孩子的一生。父母不應該吝惜自己讚美之詞，應該發掘孩子的優點，放大孩子的優點，讓孩子心中充滿自信，讓對孩子的讚美成為開發孩子創造力、優點的鑰匙，從而進一步增加孩子的對人生的自信。

首先應該找到孩子身上的優點。父母們請務必記住，無論是什麼樣的孩子，往往是表揚越多就會產生越多的優點；教育孩子、啟發孩子，這是父母給孩子最好的禮物。

每天都找到孩子聽話懂事的表現。父母應該事先告訴孩子，當他比平常表現要好的時候，父母會讚美他，並告訴孩子今天的事情讓父母心裡多高興。哪些是孩子正確的做法呢？所謂「做對的事情」，是為孩子設定的相對目標來說的。當孩子達到為自己的設定的目標的時候，或者是比以前有所進步的時候，這些都是孩子可以做對的事情。哪怕您的孩子上次考了三十分，這次考了三十一分，對於孩子的成績來說，也是進步的表現。

孩子應該如此。當孩子發現父母做的事情是對的時候，也要讚美父母。

讚美孩子的方法應該是科學的。一是實事求是，要符合孩子的基本情況，而不要過度誇張；二是需要批評的時候就應該批評，但是批評的前提就是肯定孩子的優點，而不可一棒子打死。總之，教育孩子就應該以鼓勵和表揚為主。

父母誇獎孩子的方式有很多種。如用微笑、眼神、神態、動作等肢體語言對孩子的良好行為做出相對的表示，這也是對孩子的一種激勵。

弟弟的女兒蘭蘭是一個非常乖巧的女孩，弟弟妹妹對她充滿了希望。但是蘭蘭有一個缺點，就是總是草率，做過的事情常常忘記而且丟三落四。這件事情讓她的父母非常苦惱，蘭蘭也非常鬱悶。

有一天蘭蘭的母親對她說：「蘭蘭，一直是爸爸媽媽的驕傲，我們因為有你這樣的女兒而感到自豪。但是，你為什麼總是記不住事情呢？」蘭蘭並沒有回答母親的問題而是用力低下頭，不作聲。蘭蘭的媽媽說：「以後你每次記住我交代你的事情我就會給你一朵小紅花。什麼時候有十朵紅花了，我就給你買一頂漂亮的帽子。」蘭蘭聽得很高興，拼命點頭。

就這樣，蘭蘭開始努力的記憶媽媽交代的事情。有幾次母親有的事情都忘記了而蘭蘭卻沒有忘記做。蘭蘭順利的拿到了那頂帽子，而且也養成了強化記憶的習慣。不再那樣丟三落四了，而且變得非常細心。

現實生活裡，找出孩子的錯誤並不是一件很難的事情，難的是在錯誤中看到孩子的優點，並用欣賞的角度去看待問題，在對孩子的讚賞中達到教育感化孩子的目的。

從錯誤中找到孩子的優點，必須指導孩子犯錯是什麼樣的過程，透過對犯錯過程的分析了解孩子的優點。

另外，孩子敢於承擔錯誤也是一種優點。如果孩子深刻認識到自己的缺點而勇於承認，父母就不應該繼續深究，而是應該稱讚孩子敢於承認錯誤的態度。

其實父母就是這個樣子，總是去糾察孩子身上的缺點，孩子們的智力都不相上下，但是擅長的方面有所不同，與其在某一方面沒有突破，不如發現他的特長，強化他的特長，這樣在未來就會在社會找到立足點，就像有的孩子學習不好，但是精通電腦，小小的年紀就可設計軟體程式、遊戲程式，如果在這方面進行加強教育，也可能會造就一名電腦高手。千萬不要以強硬的態度逼迫孩子，要引導他，找到孩子身上存在的優點。

發現孩子的潛力

有這樣一句話被人們所熟知，「生活中不是缺少美，而是缺少發現美的眼睛。」這句話具有很深的哲理性。作為孩子的家長，更是應該學會發現孩子的優點和潛力。每個孩子都是潛在的天才，他們在某一個方面有驚人的天賦。

每個孩子都是天使，他們對來自於大人的評價非常敏感，所以家長應該對孩子身上有哪些優點和長處進行觀察，哪怕這件事情很不起眼，也應當對孩子給予讚美和鼓勵。看到孩子在哪方面存在優勢的時候，應當加以正確的引導，讓他走向正確的道路而變得更加優秀。

做父母的都希望自己的孩子可以成才進步，然而事實總與想像存在差距，為什麼呢？因為有的父母總是讓孩子做一些孩子本來就不想做的事情，結果自然是事倍功半。只有真正的放開孩子，才能讓我們知道孩子在哪方面存在優勢，讓他把其優點進一步發展。

公司張姐的兒子王語博上小學二年級了，他在班裡調皮是出名的，經常在班裡搗亂。有一天上午，班導剛剛走進教室，就聽到班裡的同學在說王語博身上的缺點。這個說王語博剛才打人了，那個說王語博搶他的東西。再看看王語博，正在和幾個同學吵架。

班導看到這種情景，讓大家先安靜下來，然後對大家講：「雖然老師和同學們一樣，不喜歡王語博身上的缺點，我想王語博也應該知道自己錯了。那麼現在，大家可不可以談一談他身上有什麼優點嗎？」

同學們立刻陷入了思考當中，過了一段時間，大家就開始對王語博身上的優點進行討論。有的同學說：「他從來都不遲到」，也有同學說「他喜歡勞動，班裡的工作總是搶著做」……總之，很多看似平常的優點都展現了出來。最後，班導當著全班同學的面對王語博說：「老師很高興，我們希望從王語博身上可以發現更多的優點，缺點越來越少。王語博你說好不好？」

王語博以為自己一定會受到班導的批評，沒有想到老師對自己的優點進行了表揚，他慚愧的低下頭說：「我知道錯了！我要發揚我更多的優點，改掉身上的缺點。」於是班導笑著說：「老師又發現了王語博的一個優點，那就是勇於承認自己的錯誤。」說完後同學們為他鼓起掌來。而王語博從此以後再也不調皮了，成了一個品學兼優的好孩子。

這位老師非常優秀，她能從王語博那麼多的缺點外找出他的優點，並發自內心的讚美和鼓勵他，引導他認識自己的缺點，並將優點擴大。其實無論是家長還是老師，都應該學會從孩子身上找到優點，讓孩子在自信中成長。

當遇到那些被家長定性的「壞」孩子時，更需要盡快找到他們的優點，哪怕是沙裡淘金，不管優點多渺小，都需要父母發自內心的讚美和鼓勵。

有一個學業成績比較差的孩子，上課的時候非常喜歡舉手。有時老師還沒有問完問題，他就自動舉起手。但是每次老師讓他回答所問的問題的時候，他又回答不上來。於是課後老師找他談話，溫和問他說：「你不知道答案，為什麼還要舉手呢？」

這個孩子實話實說：「同學們都嘲笑我，說我成績差，說我笨。我心裡不服，所以老師一提問我就舉手，想表現表現。可是，我確實不會。」

看到孩子這樣誠懇，老師覺得非常欣慰。於是，他用舒緩的語氣對孩子說：「以後老師再提問的時候，遇到你知道的問題就舉左手；如果你不懂，就舉右手。聽清楚了嗎？別舉錯了。」孩子用力的點頭，回答說：「記住了。」

此後老師就開始上心，再上課提問題的時候，不管男孩的右手舉得多麼高，老師也不會找他回答問題；但他一舉左手，就立刻讓他回答。孩子知道的問題回答的非常好，老師就在全班同學面前表揚他，而同學們也另眼相看。從此，這位學生的學習進步的很快。

如果是別人，肯定就會認為孩子是在搗亂，還會訓斥幾句，然而這位老師卻從孩子的行為上，看出了孩子希望上進努力學習的積極性，也從孩子的話語中看到孩子的誠實。正是因為老師知道孩子的內心中的潛能，才讓孩子有了學習的自信心，他的成績也才可以進步的非常快。

能夠從孩子行為中看到孩子的潛力和進取心，這正是讓孩子發生改變的主要原因。我們每個人都希望自己的孩子是天賦異稟，但是對於大部分孩子來說，只有家長主動去探尋才會有真正的收穫，才會讓孩子有更合理的生活方式。

賞識孩子的大膽懷疑

孩子的好奇心對孩子的成長非常重要，好奇心可以讓孩子增加求知欲，讓孩子對生命充滿熱愛。讓孩子對世界學會思考，只有對世界有疑問才會讓孩子去熱愛生活。

孩子對世界的好奇、懷疑是非常可貴的，他們的懷疑最後可能會開出絢麗的科學之花。

蜜蜂的發音方式是透過翅膀震動產生的，一直是小學生物課裡的「常識」。但是被一位叫做聶利的小朋友用實驗打破了。聶利小朋友撰寫了《蜜蜂並不是靠翅膀振動發聲》的論文而獲得青年大獎。

這一科學研究居然是由一個小學生發現的，確實是非常難得！這個自然奧祕是所有生物學家沒有發現的，而卻被一位小學生發現了；成年人從來就沒有懷疑過從書本中得出的「定論」，聶利卻證明並非如此。

聶利的發現過程並不是很複雜：她在偶然的機會下發現一隻沒有翅膀的蜜蜂，還是在嗡嗡不停的叫，便產生了懷疑，然後她就用放大鏡觀察研究了一個多月的時間，終於找到真正讓蜜蜂發聲的器官。

很多重大科學發現不同的是，聶利找到蜜蜂的發聲器官並不是非常困難的過程，而最重要的是這位小朋友敢於向「定論」提出質疑，向權威發出挑戰。正是由於聶利有一種敢於懷疑的精神，比「蜜蜂發聲器官」這件事更具有現實意義。

要學會賞識和鼓勵孩子的懷疑意識，只有懷疑才能靠近真理。「不唯上，不唯書，只唯實」，就是告訴孩子不要迷信知識和信奉教條，要大膽懷疑，在懷疑中探索事實的真相。

而作為父母，應該支持孩子這種懷疑的態度，而不是去阻攔，澆滅孩子在懷疑中的探索意識。下面這位母親的方法就非常好。

芳芳是媽媽的侄女，一天晚上的時候，芳芳想吃雞蛋麵。他的爸爸就開始準備晚餐，媽媽則輔導芳芳作業。

忽然芳芳問爸爸：「爸爸，『塔樓』是個詞嗎？」

爸爸沒多想，就開口說：「應該是個詞吧。」這邊剛說完，那邊芳芳就高興跳了起來，接著就是在客廳與媽媽傳來爭執的聲音。原來，芳芳的作業裡有一個用「塔」字組詞，芳芳就用「塔樓」組了一個詞。但媽媽表示反對，不贊成，說塔樓不能組成詞的問題，而且在詞典裡沒有這個詞。媽媽讓芳芳換一個，可芳芳就是不換，兩個人就爭論這件事，讓爸爸來評判是非。媽媽和芳芳兩個人都不服。媽媽讓芳芳讀書，芳芳答應了，就勉強坐下來讀書。

但爸爸覺得不對勁，爸爸到客廳一看，芳芳躺在沙發裡，拿著書，哭了。爸爸就把廚房的事情放下了，將芳芳拉到書房裡，坐下，與她交心起來。

芳芳就委屈的問，難道我就全錯了？

爸爸說：「沒有。我對你這種懷疑精神表示讚賞。語言是在不斷變化的，也許有些詞，過去不是詞，以後就是了，例如說，部落格；無論誰，他的知識都會有瓶頸的地方，不一定總是對的，所以，就需要一種懷疑的精神。人有了這種精神，就有了探索的勇氣。當然，有了一種懷疑精神，並不是就能不尊重他人意見；相反，要更善於傾聽別人的意見，才是對的。」

「所以」，爸爸繼續說，「媽媽讓你重新組詞，有一定的道理。如果你在考試裡，想當然的話，就會犯低級的錯誤。要盡量用些學習過的詞，沒有爭議的詞更好。應該感謝媽媽的提醒，對吧！」

透過爸爸十多分鐘的親子交流，芳芳想通了，不生氣了，又開始學習，讓爸爸去陪媽媽說話。

德謨克是古希臘時的哲學家，他曾經說過：「頭腦不是一個要被填滿的容器，而是一支需要被點燃的火把。」父母在進行教育的時候，也不要進行「填鴨式」的教育方式，改變孩子被動的學習位置，鼓勵孩子以懷疑的態度進行學習，充分讓孩子發揮自己的主觀能動性和創造性。

賞識孩子，認可孩子的懷疑態度，可以讓孩子保持懷疑的態度。

當孩子心中對事物存在懷疑的時候，不要認為這是可笑和荒謬的，而應該端正態度的說：「你的懷疑很有道理，把你的想法說出來。」

當孩子懷疑而做出實驗去證明自己的懷疑態度的時候，你應該說：「孩子，我們支持你。」

在成年人的眼睛裡總是奉行「師道尊嚴」和循規蹈矩時，父母都喜歡服從自己的孩子。總是去強調自己的孩子必須聽話，讓孩子總是在一個圈子裡面發展，久而久之，就會將孩子的創新意識和自主精神荒廢掉，這和現代文明社會的不斷進步是不相襯的，而且會打擊孩子的懷疑態度。有的老師為了讓學習獲取高分，就讓孩子的思維不能過於的活躍，這實在是一種悲哀。社會需要的人才應該是可以創新的。孩子的創新精神與家庭教育是密不可分的。父母要給孩子創造一個民主健康的環境，培養孩子可以對事物持有懷疑的態度，好好呵護孩子的質疑精神，讓孩子有勇氣說出自己的想法，敢於對「常識」做出質疑。

肯定孩子的新奇發現

孩子總是會在生活中找到許多新奇的東西，或者是一些讓他們覺得非常神奇的東西。然而可能父母對這一切已經是司空見慣了。

比如說「小鳥用樹枝和泥做窩！」

「很多植物都是向著太陽生長！」

「小鵝和小鴨子的衣服是一樣的，『黃衣服』，而長大就變成『白衣服』！」

生活中，小孩子就會把這些「新奇」發現激動的告訴媽媽。這些發現是如此珍貴，它不僅說明孩子對世界充滿好奇，而且表示他們學會了觀察思考。但是，孩子的這些發現，在成年人眼裡沒有什麼稀奇，因此，我們往往會用大人的角度去看待孩子的行為，認為孩子就是孩子，只是用「玩」的態度，更令人痛心的是，父母一般把孩子的發現看成是幼稚可笑的問題。其實，孩子的這種發現也是認知世界的方法，而且，其中也有不少新奇的發現。

要以欣賞的眼光去看待孩子的發現，就要善於觀察孩子，對孩子的發現進行關注。當孩子把自己的新奇發現告訴自己的父母，父母一定要表現出是一件非常重大發現的樣子，抱以支持的態度，同時對孩子表現出欣賞的態度，激勵孩子對更多新奇的事情報以更多的好奇心。

「真的嗎？讓我看看，哇，一點都沒錯！」

「你真是細心，這些東西別人都沒發現過！」

每個孩子都有一雙細心的眼睛，只要父母學會賞識、激勵、引導孩子，他們總會給父母一些意想不到的結果。

兒子上幼兒園了，媽媽每天都會接送上下學。回家的路上，媽媽經常會問：「兒子，今天幼兒園有哪些有趣的事情沒有？」

這時，兒子就把從早晨到晚上發生的事情告訴媽媽。講完了，媽媽會再問他：「你對這件事情有什麼不同的看法呢？還有沒有別的發現呢？」

於是，兒子就會把發生的事情告訴媽媽，還經常會說一些新奇的發現。聽完孩子的話，媽媽就會鼓勵孩子：「真不錯，觀察得非常認真！」「嗯，這個發現很有意思！」在媽媽不斷引導下，兒子逐漸養成了勤於思考、樂於觀察的好習慣。

孩子經常會在不經意之間有所發現，而如果父母不及時提醒，就會很快的拋在腦後了。尤其是年齡層比較小的孩子，他們對世界的認知在一點點增加，可能就會有很多讓他們感到新奇的事情發生。所以做父母的就應該盡早的問訊和提醒，讓孩子仔細認真回憶發生的事情，從而培養他們獨立思考、善於分析的能力。

在很多時候，父母應該善於給孩子提出疑問，然後透過適當指導，鼓勵孩子自己得出最終的結論。這樣不僅可以讓孩子獲取很多新的知識，而且對他們的思維也有增廣見聞，培養他們的思考意識和能力。

一天，姐夫在一本雜誌上看到一個故事。當他看見八歲的小高斯在一道數學題中發現數學定理時，真是吃驚不少。這時，恰巧上二年級的兒子正好走過去。他喊住兒子，說：「爸爸給你出個問題好不好？」「什麼問題？」兒子好奇問。「從一加，一直加到一百，最後得多少？你試試看。」

兒子就拿起筆和紙，算了起來，邊算邊說：「這個實在太麻煩了。」大約一個多小時，兒子終於算完了：「我算出來了，結果是五千零五十！」「嗯，很仔細，你算得很對，不過時間太長了一點。你難道不想知道怎樣就可以快速的算出它的結果？」王先生問兒子。「想！有什麼好方法？」兒子好奇問。「你來看看，其實方法很簡單？」王先生邊說著，並在紙上寫「1＋100，2＋99，3＋98……」。

兒子接過那張紙，仔細的觀察起來。一會，他好像明白了其中的道理，然後驚喜的喊道：「我明白了，從1加到100有50個101！」

「對，你說是不是這樣就簡單多了！」王先生對兒子說。

「是啊！這個方法真不錯。」兒子說。

「其實這是德國的一個小朋友發現的，當時他只有八歲，他叫高斯。不過現在你也明白了，爸爸相信你會在更多方面有所發現！」王先生繼續說道。

「嗯，我也要像他那樣！」兒子很堅定說。

當孩子非常主動的展示他們的發現的時候，不要因為這種發現太過幼稚而去嘲笑孩子，應該對孩子說：「你的發現真神奇！真棒！」

在生活中，經常去詢問一下孩子在生活中的發現。比如「孩子，你有什麼有意思的發現嗎？」或者是學會引導或啟發孩子的興趣，經常問孩子：「這裡有一個非常有趣的祕密，你能看出來嗎？」

鼓勵孩子的冒險行為

不知道危險是什麼的孩子，經常做出一些讓家長覺得是在冒險的行為。每個家長都希望自己的孩子可以在健康沒有危險的情況下成長。許多的家長都在做著一件事情，就是排除生活一切安全隱患，盡量讓孩子在一種絕對安全的情況下生活。其實這樣做也是有弊端的，因為孩子沒小就不知道什麼是危險，自然也就不知道如何去防範風險。很多時候，就是家長的過於擔心，讓孩子無法承受一些嚴重的打擊和困難。

科學家曾經做過這樣的實驗：把四隻猴子關在一個封閉的籠子裡，每天只餵很少的食物，猴子們餓得叫喚。過了幾天，有人在這個房間上面放了一串香蕉，一隻非常飢餓的大猴子一個箭步衝了過去，但是他還沒有拿到香蕉，就被事先安置的機關噴射出的熱水燙傷了。大猴子沒有拿到香蕉，回來了。

後面那三隻猴子依次拿香蕉，也是滿身是傷。猴子們無計可施，只能遠觀。

又過了幾天，一隻猴子被替換了進來。當新猴子也想去摘房間頂上香蕉的時候，立刻就會被其他的猴子制止。

科學家又換了一隻猴子，當這隻猴子想吃香蕉時，剩下的猴子還是上前去阻止。

當以前全部的猴子離開這個房間的時候，還是沒有一隻猴子去碰香蕉。

後來，科學家關掉了熱水開關，但猴子們還是規規矩矩的不敢去吃，因為一次的失敗，而喪失了勇氣，

家長需要明白的是，探索的過程中就會存在危險，但是不能因為有不同的危險就放棄「冒險」，要是這樣，你怎麼可能讓孩子成為有創造性的人。如果孩子沒有冒險精神，便容易墨守成規，沒有勇氣去觸碰身邊的陌生事物，很有可能喪失創造精神，也不會有創造性的發明，就是革新也不會第一個去嘗試，這樣就會讓你變得越來越平庸。

約翰．皮爾龐特．摩根畢業遊來到鄧肯商行工作，他獨特的素養和歷練的經驗，使他在鄧肯商行非常優秀。但他的冒險精神和活躍的思路，卻總讓老闆鄧肯非常擔心。

一次，摩根從巴黎到紐約的商業旅途中，一個人來拜望他：「聽說，您是做商品批發生意的，是嗎？」

「是的，您有什麼事情？」摩根知道對方非常焦急。

「啊！先生，我有件事情需要您的說明：我這有一批咖啡需要處理掉，這些咖啡原本是一個咖啡商的，因為公司倒閉，沒有辦法償還運費，就把這批咖啡抵押給了我。」

「我都要了。」摩根看了一下樣品，答道。

「摩根先生，你不覺得太武斷嗎，誰能確定這些樣品和咖啡的原樣都是一致的呢？」他的同伴覺得光看樣品就買下所有咖啡太草率，便提醒了摩根。

當鄧肯知道這件事時，也吃了一驚：「這混蛋，怎麼能夠這樣做生意？」鄧肯說：「快去，把這筆生意取消，損失由你賠償！」然而沒有想到，摩根卻說：「這些咖啡不能退，而且別的咖啡我也要了！」

摩根拿出勇氣。他寫信給父親，希望能得到幫助。望子成龍的父親默許了。過了不久，巴西咖啡因為自然災害的影響，大幅度減產，因此咖啡的市場價格迅速飆升，摩根取得了勝利。這時，鄧肯也不得不佩服摩根的遠見。

勇敢是和冒險是密不可分的。你想變得勇敢，就要會冒險、有勇氣去冒險，敢於嘗試新的領域，敢於引領風氣。只有在冒險的過程中，我們才會獲得非常難得的品質——勇敢。

勇氣是人們邁進成功必不可少的因素，特別是人們在遭到挫折的時候。有太多人沒有辦法勇敢邁出人生中的第一步。事實上，不管是創新還是創業，首先就應該有一種冒險精神。在我們身邊，有許多成功人士並一定有很高超的技巧，關鍵是勇於去嘗試。

在實際生活中，當孩子在涉及一些新領域的時候，尤其是可能會存在一些危險的因素的時候，父母們就會非常擔心的告訴孩子：那裡不能去，別摔壞了；這個地方不能做，有危險……這樣就讓孩子喪失了很多嘗試新事物的機會，孩子的「冒險」精神就這樣被「照顧」掉了。

對孩子的冒險行為，大多數父母都會上前去阻止，但有先見之明的家長就不會這樣做。他們認為，從小就應該鼓勵孩子去冒險，這樣有利於孩子的成長。如果孩子可以從冒險中獲得成功，這會讓孩子在自己的能力上產生自信；如果失敗了，孩子就知道自己如何去應對失敗，勇於接受挑戰。

孩子的世界還是比較懵懂的，對自己所處的環境完全不了解，他們只有透過各種活動，從實踐中累積不同的經驗和教訓，才能對自己有一個全面認識。

孩子總是勇於嘗試，做一些不在自己能力範圍內的事情。路還走不穩，就想奔跑；從來沒有下過水，就跳到水中去遊戲，做家長的怎樣去處理這種事情呢？

不要太過輕率去否定孩子想嘗試一下的心態，你總從自己的角度看，就會傷害的自信心，這相當於給孩子潑冷水。

一位文學家曾經說過：「人應該在不斷探索、追求中活著。而這些的前提就需要有冒險精神。」孩子本來是沒有什麼可以畏懼的，他們喜歡冒險，這樣也就產生了積極探索的精神和自信心。

所以，父母應該鼓勵孩子去冒險，讓他們對陌生的事物產生探索的欲望，培養他們的創造精神。不要因為過度的擔心孩子的安全，就不許孩子去嘗試，那樣孩子就可能無法突破，只能一味的墨守成規。不過，需要指出的是，我們這裡所說的冒險說的是「合理的風險」，而不是去涉險。而且，因為孩子還小，父母需要在一旁監督，然後再一點點放手，順便展現與孩子一起冒險的樂趣。

給孩子一個解釋的機會

父母在教育孩子的問題上，似乎是有說不完的話題，父母在很多事情上對孩子的關心都是非常敏感的。就比如說孩子犯錯，父母總是把後果看得非常嚴重。而且是主觀的認為不給孩子解釋的機會，喜歡武斷的下結論，總是在這個種情況下，剝奪了孩子發言的權利。

表姐的兒子龍龍剛剛放學回家，正好趕上表姐在廚房做飯。於是他異常興奮對媽媽說：「媽媽，告訴你一個特別有趣的事……」

可是龍龍的話才說了一半，媽媽就嚴厲的說道：「作業都寫完了嗎？還不趕快去做作業，做完作業再說話。」

顯然，剛回家的孩子肯定沒有時間做作業。就這樣，在媽媽的斥責裡，心情低落的孩子無奈的回到了自己的房間。

其實，在一個人受委屈的時候，或者是自己的一些欲望沒有得到滿足的時候，心中就會不斷的累積怨氣，一旦爆發，那就會出現非常嚴重的後果。

孩子也是有自己的思想，不僅需要別人理解自己，還需要找到傾訴和聊天的對象。而家長耐心的聽孩子傾訴，那麼就是了解他們的最好方法。

隨著孩子年齡的增加，由於思想還不是特別成熟，可能他們的思想中就會出現有悖常人的想法，在這個時候，家長應該正確的引導他們，但是一定要注意，千萬不要嘮嘮叨叨沒完沒了的與他們講話，這樣做就會讓孩子有一種反抗的情緒。也難怪有的孩子會說：「你們總是說讓我好好學習，將來做這個，將來做那個，你們怎麼沒有當那個，成為那個呢？」「你們做父母的有思想，我們也有自己的想法，我們為什麼聽你們的，你們就不能聽聽我們心裡是怎麼想的？」

很多時候，家長因為工作事情多、瑣事多，沒有辦法去了解孩子心中所想，而且也在孩子面前表現出毫不在意的態度。

其實，孩子也會遇到不開心的事情，也會有委屈的時候。如果家長可以認真的聽取孩子的傾訴，並且做到正確的疏導，讓孩子知道自己有哪些缺點，那麼孩子就明白自己如何去做了。這種就會讓孩子在正確的方向下發展。

信任孩子，在有的時候應該讓孩子闡述自己的觀點，家長應該可以耐心的傾聽，從而更加透徹的了解孩子。因此，建議父母應該拿出一點時間去傾聽孩子的心聲，了解孩子在內心裡真正想的是什麼。

我的外甥小剛，有一天，他與姑姑家的小表哥在一起玩。本來兩個孩子的關係很好，可是因為想玩一個變形金剛，兩個人居然打了起來。小剛打不過表哥，變形金剛也被搶走了，男孩就哇哇的大哭起來。

就在這個時候，妹妹正好從這裡經過，很和藹的問他：「你先別哭，告訴媽媽到底出了什麼事情？」於是男孩哭著把事情向媽媽講述了一遍。母親耐心的聽孩子把事情講完，把他眼淚擦乾，並且說道：「兄弟之間要相互謙讓，你應該先讓哥哥玩一會，一會哥哥就會給你，相信你們會玩得很開心的。」

就這樣，表哥果然沒過一會兒就把變形金剛給了他，兩個人又恢復了以前的歡樂。

在實際的生活當中，父母最頭疼的就是孩子哭。有些父母看見孩子大哭不止就非常心疼，趕緊哄勸、心疼孩子，甚至為了孩子不再哭泣，而滿足孩子一些不合理的要求。

疼愛孩子天經地義，但是家長也應該就事論事，疼愛孩子也需要原則。如果孩子一哭就沒有原則的哄勸，那麼就會讓孩子有一種態度，就是只要自己哭，父母就會答應他們的條件。

還有一種情形，父母一聽哭聲就心煩，就會對孩子說「別哭了」、「就知道哭」來禁止孩子哭泣，其實這樣不會達到教育孩子的目的，反而還會積壓孩子心中的委屈和不滿。因為在他的心裡本來就覺得不公平，可是父母卻不分青紅皂白的指責，這就會讓他心裡更加的委屈、不滿。

如果可以讓孩子有一個解釋的機會，給孩子傾訴的機會，很可能就會讓孩子心中的不滿情緒消失，讓孩子自動放棄那些不合理的要求。

所以，父母應該學會欣賞自己的孩子，多給孩子一些寬容和理解，能夠靜下心來聽孩子的訴說，並且找到讓孩子哭泣的原因，之後再對症下藥，從而有針對性的教育孩子，並且在教育過程中信任和鼓勵孩子。

社區王姐的兒子小明上學最近總遲到，老師因為這個找到了王姐進行談話。母親知道這件事，並沒有去打罵小明。而是在快要睡覺以前，問自己的兒子：「你能告訴我，你為什麼出去那麼早，為什麼卻總是遲到呢？」孩子剛開始有些遲疑，但是母親卻沒有責怪的意思，於是就說：「我跑到河邊去看日出了，簡直太美了！我覺得太美了，時間一長就遲到了。」母親知道以後就笑了。

第二天起得很早，母親與兒子一起來到河邊，看日出。當發現日出美麗的樣子，母親也激動的感慨說：「實在是太美了，兒子，你真棒！」就是因為這一天，兒子沒有遲到。

等到他放學回到家，兒子發現在書桌有一隻精美的手錶，並且旁邊還有一張紙條：「因日出真的很精彩，所以我們更應該珍惜時間和學習的機會，兒子你認為呢？永遠愛你的媽媽！」就這樣，這個孩子再沒有過遲到的現象。

當讀完這個故事以後，我們就會被那位母親的行為所感動。她並沒有嚴厲的指責孩子，也沒有進行責罵，而是留給孩子解釋的空間。在傾聽之中，又對孩子的理解、讚賞還有鼓勵，並且讓孩子在健康、溫暖的環境下成長。

試想，如果這位母親聽完老師的講話以後，就不分黑白的指責孩子，那會有什麼樣的結果呢？相信孩子有那顆善於發現美、熱愛生活、欣賞美的純潔心靈可能就會不復存在。

因此，我們在生活中應該給孩子留出足夠的時間，讓他們去傾訴，可能就是這個時候，父母就必須靜下心來聽孩子的傾訴。

尤其是孩子在遇到委屈的時候哇哇的大哭，不要訓斥孩子，而是應該說：「先不要哭，告訴我你究竟怎麼了？」

孩子「人來瘋」優點多多

孩子「人來瘋」的主要原因是因為孩子的一些心理需求。有的孩子有很強的表現欲，總想獲得別人的注意；有的孩子就因為沒有玩伴，生活也很單調，就用「人來瘋」的方式來進行發洩；也有的孩子用這種方式來滿足心理上的需要。

星期天，我到同事家做客。四歲的洋洋特別興奮，不停的在媽媽和這位客人面前不斷跑來跑去，還不時的大聲對媽媽喊：

「媽媽，你看，我的變形金剛好看嗎？」

「媽媽，我畫的畫漂亮嗎？」

媽媽耐心的哄著：「洋洋乖噢！媽媽和阿姨聊會天，你先自己玩會，一會我們出去玩。」

「噢，太好啦！」洋洋開心的回自己房間了。

可是，還不到五分鐘，洋洋又來了：「媽媽，我胳膊上有個小紅點，快幫我看看。」

媽媽在我們面前有些尷尬，紅著臉說：「這孩子，平常特別乖，今天不知怎麼啦？」

母親們可能都有這樣的經歷和體會：孩子在家裡平時都很乖，可是一般家裡來了客人或者是到一些場合就非常興奮，開始「人來瘋」，也不聽話了，就像是頑皮的猴子。大吵大鬧、開始撒嬌起來。不是要水果，就是要看電視，或者亂丟東西，在沙發上、床上亂蹦亂跳。家長在遇到這些「人來瘋」的孩子的時候，大多數是沒什麼辦法。越是制止，他們越是過分。你若不管，在客人面前覺得教子無方。不但讓家長下不來台，讓客人也有些尷尬。有的孩子觸及到家長的底線，家長就會對孩子做出最後的警告：「你要是再瘋，一會客人走了，看我怎麼收拾你！」結果又如何呢？客人走了，孩子也不鬧了，家長也不忍心實施家法。而孩子呢？因為這次沒有家長的管教，下次有客人來訪的時候，還是故技重施。為什麼會讓孩子有這樣的行為呢？

從客觀上分析，由於孩子的大腦皮層發育還不完善，稍微的刺激就會讓孩子異常興奮，而孩子的自控能力又很差。特別是有的家庭很少有客人來訪，一有客人來訪就是對孩子心裡的一種刺激。另外，每個孩子的內心都是有以自我為中心的特點，客人來了，父母就會把注意力放在照顧客人身上，這時的孩子就會做一些反常態的事情來表示不滿。

從主觀上分析，孩子的行為習慣不是很好，不知道怎麼在有客人的時候表現。而且感覺到有客人在，父母自然要「收斂」一些，因此就會更加瘋。還有的孩子有表現的欲望，喜歡在眾人面前表現自己，但是不懂得去拿捏分寸。

其實，「人來瘋」的孩子是有很多優點的，父母需要發現孩子的這些優點，還要恰當的表揚，這種教育才是積極的。「人來瘋」的孩子一般都比較活潑，他們一般都比較喜歡和別人交往，學會與人交往是孩子走向社會的第一步，家長應該支援孩子。另外，這種類型的孩子一般都比較聰明，他們喜歡讓別人的目光落在自己身上。為了贏得稱讚，就會做一些小創意，或者說一些讓自己值得驕傲的事情。這都說明這些孩子很上進，並善於表現自己。「人來瘋」的孩子學習能力都比較強，他們可以從別人身上發現新奇的東西，了解一些自己的不知道的東西。所以當有客人來的時候，便會向客人問很多問題，或者讓家長說一些他沒有聽過的事情，希望在別人那裡獲得更多的知識。孩子在「人來瘋」時表現出的這些優點是成年人沒有意識到的，而且會對孩子進行指責，批評會遠遠大於表揚。

當然，這些孩子身上還是存在缺點的，比如說妨礙大人交談、對客人沒有禮貌，讓客人覺得尷尬等等。因此，對「人來瘋」這類孩子進行教育時應該以表揚為主，不僅要對他們過分的行為進行糾正，還要讓孩子學會如何與人交往的辦法。

家長應該做的就是了解孩子「人來瘋」的原因，從而做出方案，幫助孩子懂得禮貌而不失去活潑。讓孩子在與客人交談中增加社交能力。比如說：在客人還沒有來之前，就需要讓孩子了解一些接待客人的常識，指導孩子做一個懂事懂禮貌的孩子。客人在來的時候，可以給孩子一些表演的機會，例如讓孩子背誦一些唐詩或者說一些故事，然後讓孩子知道如何在恰當的情況下停止，例如：當孩子唱完一首歌後，家長可以說：「很好，下一次阿姨來的時候再給阿姨講個故事好嗎？我和阿姨有些事情要說，你自己玩一會好嗎？」

另外，還可以讓孩子從不同層面訓練，嘗試一些有效的措施對孩子進行教育：

· **訓練行為法**

經常帶孩子進行社交，對於待人接物的方法和禮貌進行學習。在家中，則要培養孩子自己遊戲，不要糾纏大人、不干擾大人做事的習慣。

· **獎懲法**

客人離開以後，可以詳細的談論一下孩子今天的表現，表現好的應及時給予獎勵，表現不好就要給予批評，或取消以前答應的獎勵，讓他知道不聽話時會受到懲罰。

・暗示法

當客人到來的時候，就可以把孩子的一些基本情況介紹給客人，稍加誇獎與鼓勵。如「我家的孩子特別的有禮貌」等。當孩子還是按捺不住自己的興奮時，家長可以做暗示：「大家都喜歡聽話的孩子，快去自己玩吧！」與此同時，就要以嚴厲的目光配合，暗示自己的不悅。

・遊戲法

每個孩子都特別喜歡玩，在遊戲中孩子都很樂意遵守規則。因此，客人來了以後，可以讓孩子招待客人，做小主持人，用遊戲的方式來開始應對客人。

不要在孩子面前吵架

即使是很和睦的家庭，夫妻之間也會出現一些「小插曲」，難免就會發生爭吵。儘管這種事情看起來非常普通，但是不能去忽視，因為這種爭吵會在孩子的內心當中留下傷害。如果孩子在場，最恰當的方式就是化解矛盾，化干戈為玉帛，用道理說服別人。所以，父母盡量不要在孩子面前爭吵，要互相謙讓，讓孩子在家裡有一種歸屬感和安定感。

朋友的女兒倩倩是一個非常文靜而敏感的女孩子，大人在講話的時候她總是喜歡聽，在同齡的孩子中有些老練。倩倩的爸爸媽媽都是上班族，最近，不知道因為什麼原因而爭吵，從最初的溝通，變得爭吵起來，最後變成開始冷戰。倩倩因此漸漸有些困惑、恐慌，有時候一個人開始默默坐在沙發上，或在自己的屋子裡不出來；有時因為父母的不斷爭吵，嚇得號啕大哭。

當父母在發生「家庭大戰」的時候，會讓孩子產生沒有必要的恐懼，孩子就會覺得生活變得越來越恐慌。父母以為爭吵是在婚姻道路上必不可少的小插曲，孩子卻以為已經到了家庭最壞的一幕：他們是不是因為我而爭吵？爸爸媽媽會不會離婚？這個家就要散了，爸爸媽媽不要我了。

心理專家告誡父母，讓孩子一個有安全感的家庭生活也是父母的責任，家長相互謾罵、爭吵對孩子的傷害是無法彌補的。如果夫妻間確實有矛盾需要進行解決，父母也應該把孩子的心理考慮進來，盡量把情緒控制住，最好不要在孩子面前發脾氣。

父母最好不要在孩子面前鬧彆扭，因為父母生育孩子並不是讓孩子看他們爭吵的。否則就會讓孩子覺得爭吵就是家長便飯，容易讓孩子在以後的生活中不斷處於爭吵之中，不利於家庭的和睦。

父母是孩子最貼心的依賴，孩子把所有的信任都放在父母身上，認為父母是世界上最偉大的人。如果父母之間的感情不和諧，這種情況必然會傳播到孩子的心靈中，造成孩子的焦慮與不安。有的家長無法控制自己的情緒是因為一遇到困難或不順的事情以後，便開始發牢騷，或者夫妻就開始爭吵。

父母生氣時的樣子、刺耳的吼聲和充滿仇恨的語言，讓孩子心中非常恐懼，造成情緒很難穩定，並給孩子一種不好的心理暗示：原來父母之間生氣會是這樣的恐怖，那麼他們是不是也會對我發脾氣呢？孩子的內心非常脆弱，如果孩子總是在這種環境成長，對孩子的身體健康以及智力發育會有很大影響。

父母在孩子面前鬧彆扭，還會損壞父母在孩子心中的地位。吵架時總是喜歡把對方的缺點變大，當孩子不喜歡聽他們吵架的時候，往往會利用這種方法讓他們停止。

父母如果把吵架當成家常便飯，就會對孩子有所疏忽。父母在這種緊張的爭吵環境裡，也會讓孩子的情緒變得緊張，對孩子情感的正常發展造成妨礙甚至孩子模仿家長的動作，使得孩子在家庭生活中遭受挫折和難以進行正常的社會活動。

有的家長還會在孩子面前說對方的不是，來攻擊對方。在孩子面前說對方的不足和缺點，這種做法是非常不正確的。它等於讓孩子也陷入這種爭端之中，對於年齡比較小的孩子來說，不知道為什麼發生爭端，這樣就會讓孩子的心中留下很深的烙印。

如果真的沒有辦法避免兩個人的爭吵，請等孩子入睡以後，或孩子不在的時候進行爭論；夫妻因為吵架母親而哭泣，也是不好的，對於父母中有一個人的離開，以及父母之間的謾罵，都是孩子成長當中的陰影。

有時，父母的行為也會有些稚嫩。因為一件小事，就開始在孩子面前爭吵。而後呢？怎麼讓自己從這種憤怒中走出來？怎樣讓雙方和解？還有怎樣與孩子進行解釋？

有了孩子，夫妻之間的吵架就變得有些複雜了。往往這些事情不是很大，但誰都是各說各的理，但是有很多話沒有辦法說出來，因為不知道這樣做是否會對孩子的心理造成傷害。

其實，吵架會不會給孩子的內心留下陰影，這取決於以什麼樣的方式來解決矛盾。

婚姻專家經過調查發現，夫妻吵架的最直接的原因取決於生活中的那些小事，既然如此，就不一定要對這些事情採取爭吵的方式。因為從來不吵架的夫妻沒有辦法去解決爭吵中的問題。吵架之後採取什麼樣的方法去解決矛盾才是關鍵，這樣才不會影響親子關係。最好的辦法是，夫妻在經過爭吵以後，讓孩子了解到這樣做不會對父母的感情有任何影響。不過還好，解決問題的要比知道爭吵的起因更為重要，因為，人平靜下來的時候，就比較容易駕馭自己的情感，能夠意識到自己在做什麼。

這個世界沒有「壞孩子」

經常聽到有些父母說自己的孩子不聽話，簡直就是一個「壞孩子」，沒有辦法去教育他。還有的父母說自己有這樣的孩子還不如當初不要孩子呢。

我們可以想像，確實有的一些孩子，他們讓家長擔心，讓老師頭疼。可能人們把他描述成為「壞孩子」，或許以後他們真的是「壞孩子」。但是請仔細想一想，我們到底用什麼樣的方法去評判他是否真的是「壞孩子」，誰能說長大以後他們就是違法亂紀的呢？

有個「哥兒們」的兒子叫王平，長得憨厚雄健，非常可愛。可是他在幼兒園卻是出了名的壞孩子。他曾經講過自己的真實感受：

我非常好動，我最喜歡在教室跑來跑去，經常把那些大孩子撞倒。我只是一不小心就撞倒他們，哪怕只是很輕，但是他們一哭，老師就會教訓我，還對他們說要遠離我。記得在五歲那年，一個長得非常可愛的小女孩把我的鞋踩了幾下，而且踩完就跑。我知道老師會偏袒她，我偏偏讓她把鞋子擦乾淨。她向老師告狀，沒想到，老師居然在全班同學面前批評我，說我是「小魔王」。

所有人都知道這個綽號，一直到幼兒園畢業。

小學六年我更換了四所學校，一是因為學校老師的教學水準太差，二是老師總是對我訓斥，老師經常對我挑毛病。每次轉學，媽媽總是會訓教我一頓。那時，爸爸常年在外地，媽媽工作也很忙。在我的印象當中，媽媽沒有檢查過我的功課，輔導我也是很少的事情。三年級時我就自己做飯了，用媽媽說這叫自己動手豐衣足食，但是我的學業成績越來越差。第一次轉學是因為老師常找家長，媽媽覺得丟人就沒去，結果老師火了，最後老師訓斥了媽媽一頓。第二次和第三次轉學都是因為成績。在以前的學校，我成績不壞，算是中等生。有一次，媽媽找了一套習題讓我做，我居然剛好及格。媽媽了解到學校的教學水準，就轉了學。最後這次轉學，學校沒什麼事，可是我卻變壞了。

周圍的同學的成績都比我好，我是最差的。我真的想好好念書，偏偏成績就是上不去，尤其是數學。上課的時候我總是分心，兩眼盯著黑板，但是什麼也聽不進去。我滿腦子都是稀奇古怪的思想。來到新班級的第一次考試，我成績很差，媽媽說我不爭氣，是個廢物。

最讓我傷自尊的就是分組。老師把班裡的同學分成了兩組，一組成績很好，一組是表現不好，我當然在後面一組了。那些十幾歲還要父母幫忙穿衣服的孩子憑什麼做好孩子！可是生氣也沒用，人家的成績好，誰叫我的成績太差呢！

有一次，我們學校軍訓，老師很快把班裡分成六組，同學可以自願組合，沒人要的孩子就必須自己找組。學校要求大家帶手電筒，成績好孩子居然沒人拿手電筒，拿的都是成績倒數的，因為我擔心會分到外面。我說我可以拿兩個。回到家裡，我讓媽媽拿兩個手電筒。媽媽知道原因非常生氣，只給我買了一個。

現在我的學校離家非常遠，我每天起得非常早，晚上十一點以前也不敢睡覺。媽媽說人活著就要吃苦，可是成績不好的學生也吃苦也吃不成好學生，真讓我心裡特別冷。

實際上，好壞孩子的定義是因為兒童觀與教育觀念的不同造成的。同樣一個孩子比如這個孩子非常的調皮，從了解孩子、對孩子有信心再到尊重孩子，你就會覺得這個孩子會非常正常；假若從不了解這個孩子、對孩子沒有信心並且沒有對孩子進行尊重，你就會厭惡這個孩子，也許就會認為他是個壞孩子。

當一個孩子被誤認為是一個壞孩子的時候，他可能就會變得越來越差，而且可能就會成為家庭、學校以及社會的災難。所以，作為父母，就應該有一個正確的教育觀念，要了解孩子心中所想，認識到這個世界本來就沒有壞孩子，也沒有一個孩子希望自己變成壞孩子。

怎樣去面對這些所謂「壞孩子」的這種情況，如何去開導這些壞孩子，使他們意識到真正的自我？

在教育孩子的時候說話語氣應該適度，也許有些孩子比較頑皮，但成年人要從孩子的角度看問題。同樣是孩子在調皮，有的父母覺得孩子的行為太頑皮，讓人厭煩，有的父母卻認為這恰恰就應該是一個孩子的表現，應該寬容孩子甚至表揚孩子。所以，父母應該對頑皮的孩子做出善意的評價，不要輕易把孩子定義為壞孩子。拿破崙．希爾博士是美國成功學的創始人。只要有不好的事情發生都可能會懷疑到他頭上，連他的父親都認為他是孩子中最壞的一個。可是繼母卻在他的身上找到優點，讓孩子重獲新生。

及時認可孩子身上的優點。每個孩子都有他自己的長處，即便被那些成年人定性為壞孩子的人也是有其優點的，關鍵在於如何在孩子身上發現孩子的優點。當孩子在犯錯的時候，您更需要關心孩子的長處。如果我們不希望孩子變得越來越惡劣，就不應該對孩子進行貶損。利用他的優勢去引導他，我們就會得到一個讓自己驕傲的好孩子。

需要對孩子的過失進行諒解，總希望自己的孩子是最優秀的，但是你需要對孩子的年紀進行諒解。如果您對孩子的期望超過了孩子自身的能力，就極易產生焦慮情緒，不會諒解孩子的失誤，因此把那些沒有達到要求的孩子看作是壞孩子。孩子的成長也伴隨著錯誤，孩子犯了錯不是可怕的事情，重要的是父母如何去面對孩子的犯錯。不管怎樣，對孩子還要有信心，認為孩子的本質是好的，要學會對孩子的失敗進行寬容，並給予孩子一個改過自新的機會。

附：自閉症兒童的行為測試題

下列是關於兒童孤獨個性的十五道題，根據您的孩子最近的一些情況以及表現，在題中做出選擇，盡量要從頭做起請勿遺漏。

人際關係	正常	輕微不正常	很不正常	極不正常
模仿行為	正常	輕微不正常	很不正常	極不正常
情感反應	正常	輕微不正常	很不正常	極不正常
是否有奇特的動作或宗教式的動作	正常	輕微不正常	很不正常	極不正常

是否把感情寄託在無生命的物品上	正常	輕微不正常	很不正常	極不正常
對環境改變表示反感	正常	輕微不正常	很不正常	極不正常
會看到一些特殊的影像	正常	輕微不正常	很不正常	極不正常
可能會聽見別人聽不到的聲音	正常	輕微不正常	很不正常	極不正常
對感官刺激有過度的表現	正常	輕微不正常	很不正常	極不正常
焦慮反應	正常	輕微不正常	很不正常	極不正常
語言溝通有無障礙	正常	輕微不正常	很不正常	極不正常
非口語溝通	正常	輕微不正常	很不正常	極不正常
活動量或過多或過少	正常	輕微不正常	很不正常	極不正常
智力功能不平衡	正常	輕微不正常	很不正常	極不正常
一般印象	正常	輕微不正常	很不正常	極不正常

「正常」分數為1分，「輕微不正常」的分數是2分，「很不正常」記為3分，「極不正常」記為4分。總分小於30分的不屬於自閉症。如果成績在30～36分表示有自閉症的傾向，高於36分可定性為自閉症。

第五章　正確處理「好孩子」的缺點

別抹殺孩子的興趣

有這樣一句非常經典的話：「因為了解，所以熱愛。」說的就是，如果我們沒有辦法去發現事物的本來面目，我們就不可能對它產生熱愛之情。教育孩子也是這個道理，如果父母想讓孩子走上成才的道路，走上自己傾向的那條路，父母就需要對孩子的本質有所了解，並且引導孩子走上一條自己喜歡的道路。

表弟的女兒是個十足的男人婆，與別的文靜的女孩有所不同，她是一個活潑好動的孩子。楠楠整天嘻嘻哈哈的和男孩子一起打鬧，而且也一點不遜於別的男孩，有幾次把比她大的男孩子欺負哭了，這樣的女孩不多見。

楠楠的父母對此很苦惱。在他們的眼裡，女孩子不可能是這樣子的。他們努力想把楠楠培養成一個文靜、文雅的女孩子，但沒有如願。楠楠依然和男孩子一樣的打鬧。

有這麼一天，父母終於有了主意：可以試試對孩子的特長充分發揮，說不定孩子會有另一番發展空間！

於是，在不影響孩子學習的情況下，在課外活動之餘，他們有目的性的讓楠楠參加一些活動範圍較大的運動，比如說網球、籃球等，讓孩子的思維和視野得以拓展。而且，他們還給楠楠報了跆拳道班，讓楠楠去和其他健壯的男孩一起練習跆拳道，楠楠就迷上了這項運動，並且對自身的條件進行發揮，居然在圈子裡很有名氣，並且也參加了地方的選拔賽。

更讓人值得高興的是，經過楠楠的不斷歷練，楠楠也變得成熟起來，她漸漸明白什麼是團隊合作和互相關心，性格上也更加全面，遇到問題也不再去使用武力，人也越來越開朗。這個時候，反而變得有些淑女的樣子。

楠楠父母的做法比較符合義大利著名教育家蒙特梭利理論，這個理論是這樣論述的，父母利用孩子自身的特點，在不侵害孩子自由與快樂的同時，達到教育孩子的目的。

蒙特梭利一直認為，兒童有著一種與生俱來的天賦，這種能量是積極向上的，具有無窮的力量，而教育的主要目的就是激發孩子的潛力和潛能；兒童不適合家長填鴨式的教育，也不是任父母擺布的玩偶，父母必須仔細觀察孩子的特點，了解他的心中所想，讓兒童在自然情況下，從而說明孩子自己發展。鑒於此，蒙特梭利為兒童製作了一整套的興趣輔導。

蒙特梭利把孩子的學習活動稱作是工作，她認為：工作可以讓孩子促進身心得以協調發展；透過孩子的自由選擇作業，獨立完成，培養孩子的獨立精神，同時也符合孩子的心理需求。

每一個孩子的身上都是具有一種創造力。可是，在現實生活中，在天賦予靈感上，孩子之間為什麼會存在差距呢？最為關鍵的一點就是父母是否可以開明。

有一位爸爸想讓四歲的兒子證明：看不見的空氣真的是實實在在存在於我們生活當中的。這位爸爸提供了杯子、塑膠袋、風扇、水等具體的東西，讓孩子了解這些東西的用處。

因為有了具體物品作為參考，思維就比較活躍了，理解起來也比較容易。兒子打開風扇，讓風吹拂自己的頭髮，證明了空氣的存在。

然後兒子把塑膠袋緊緊綁住袋口，並向裡擠捏，讓塑膠袋出現一個氣包，然後說：「我已抓到你了，空氣，這次你跑不掉了吧？」

最後兒子把空杯子往水裡壓，一開始因為沒有氣泡，他著急了，爸爸讓他想像游泳時的樣子，他晃了晃腦袋，然後讓杯子在水裡慢慢傾斜，哇！成功了，水裡開始有氣泡產生，杯子裡的空氣排了出來。

從這個例子中我們可以知道，孩子的天賦靈感是孩子的想像力，而孩子的創造想像就是在日常累積中得來的。因此，父母必須注重孩子在日常當中的累積，並給孩子提供機會表現孩子的創造力。否則，孩子的創造力只能被束縛在大腦裡，難以得到現實性的表現。

事實上，對於父母來說，發掘培養孩子的創造力不是很難。只要父母認真觀察，孩子的創造力就會在生活中得以展現。

讓孩子謙虛做人，誰都有長有短

孩子遇到事情喜歡不服輸，有時候是一種積極面對生活奮鬥的精神，但也有時候有些自滿，喜歡孤芳自賞。尤其是現在的孩子很多都是家裡的「獨生子或獨生女」，家裡人的心思都在他一個人身上。在這種大人「呵護」的環境下，他們不習慣去欣賞別人身上的優點。這些孩子自然是有其值得驕傲的長處，裡面也有不少優秀的孩子。然而正是因為有值得驕傲的地方，使得他們總是在自己的世界中活著，總是無法正視別人身上的優點，而他們卻沒有看見自己的短處。

父母應該對孩子驕傲的態度作出分析，然後要讓孩子認識到，他身上某些過人之處只是被限定在一定的範圍內，放在一個大環境的情況下可能就失去作用，所以長處也是在一定範圍內的。

不正確的認識自己的優點只會滋生驕傲自滿的情緒。孩子就習慣性的用別人的短處來比較自己的長處，當然自己處於明顯的優勢之中，甚至在心中竊喜。父母需要培養孩子積極進取的態度，而不是去孤芳自賞的只關注自己的優勢。「金無足赤，人無完人。」每個人都有其自身的優點，同時還會伴隨不同的缺點。孩子要學會謙虛，向別人的優點進行學習，讓自己發展的更加完善。

總認為自己什麼事情都是自己做得好的人，就會輕蔑別人。當孩子有這種表現時，父母就應該反思一下自己的教育觀點，自己是否太過溺愛孩子或者是表揚孩子的次數太多了。所以，當你發現身邊的孩子有驕傲自滿的特徵時，父母誇獎的時候應該慎重。在表揚孩子時，既要是一種讚美更要成為一種鼓勵，最重要的還是堅持適度的原則。

在孩子在某些方面有所突破時，父母在讚賞孩子的同時，還要說明孩子分析自己的缺點和不足。父母教會孩子自己把握自己的方向，既了解自己的身上有哪些潛力，又能明白自己在某些方面存在問題。父母在對孩子進行教育的時候態度要表現的慈愛，還要對孩子報以殷切的希望。父母需要讓孩子領悟到，他是存在著缺點的，改正了缺點就可以做得更加的完美。父母應該開闊孩子的眼界，從自己的狹隘的小圈子走出來，讓他走向更寬闊的世界，陶冶他的情操，讓他知道世界上有很多傑出的名人，成長他的見識，用知識武裝他的頭腦，使之認識到「一山還比一山高」，不要因為自己微小的成就而變得狹隘。

父母讓孩子了解到謙虛的重要性——謙虛是一種高貴的品質。人們要想走到更遙遠的地方，就必須兼懷謙虛的品德。謙虛使人的態度更加的溫和，虛懷若谷，能夠聽取不同的聲音。面對越來越複雜的社會現狀，孩子應該保持謙虛謹慎的態度。他需要採納更多有益的意見，拓寬自己的思路。

比如孔子那樣的賢聖，能夠把自己的人生看成一個學習的態度，從別人身上學習優點，幫助自己成長。父母告訴孩子值得學習的三種情況。

1　經常向那些有專業知識的人請教。你不可能了解每一個領域，所以有一些不懂的專業知識，就要虛心的向那些有經驗的專家請教。他們的意見往往比你埋頭苦幹更有作用。

2　不明白的問題你可以問任何人。這就是一種謙虛誠懇的態度和學習方法。通常情況下人們總是從自己的角度出發，總是在思維定勢裡面想問題，而在聽取別人意見時，能夠開拓自己的眼界，可以更深入更全面的了解問題。

3　一本書其實就是一位老師。一本好書，就如同是一位智者，你有很多問題，書都可以為之解答。有一句話是「書讀三遍，其功自成」，父母應該引領孩子做一名出色的老師，在讀書的時候應該有耐心。不要認為自己讀過了一遍書，就沒有必要再去看了，往往讀懂一本書要比瀏覽三本書更有效，每一次閱讀都會有所收穫的。

人生的道路非常漫長，謙虛很重要，總是可以戒驕戒躁。父母應該讓孩子保持一顆謙虛的內心，對別人的優勢和優點表示讚美，向別人學習自己本身沒有的品質，從而更加完善自己和補充不足之處。只有這樣才能讓孩子更加全面的發展。

學會感恩，懂得為彼此著想

感恩，就是在受到別人幫助的時候內心充滿感激之情，在內心裡對別人有一種真摯的感謝。學會感恩，是為了淨化自己的心靈昇華自己的靈魂；學會感恩，是為了沒有辦法報答別人而將別人的恩惠銘記於心。如果人與人之間沒有感恩的情懷，就會造成人際關係的冷淡和疏遠，所以，感恩在生活中也是必不可少的，這對於現在的孩子來說尤其重要。被愛包圍的孩子才會變得更加的快樂。

曾經有一位哲學家這樣說過，世界上最悲哀或最不幸的，就是一個人言之鑿鑿的說沒有受到別人任何的恩惠。每一個父母都把心血傾注在孩子身上，特別是做母親的更是如此。人人總是以各種方式讚美父愛、母愛的偉大，但為什麼孝敬父母的孩子總是要比愛孩子的父母要少呢？家長總是用各種方法讓孩子的智商可以提高變聰明，但是也不要遺忘對孩子的情感教育，讓我們的孩子在感動下成長，讓他知道感恩，明白如何去愛一個人或者是被愛，使他們的內心變得越來越善良。我想，這種教育的薰陶，才能稱上是完整的家庭教育。那麼，怎樣才能讓孩子心存感激之情，讓他們心中充滿愛呢？

· **有的事情讓孩子自己做**。

父母最好不要對孩子的事情進行包山包海，假如每件事情都由父母包辦，孩子就會慢慢習慣把所有的事情都交由父母處理，也就會覺得這些事情是理所應當的。久而久之，孩子對於家長付出的一切就很難存有感恩之心。家長應該對孩子放手，只有自己親自做了，孩子才會明白很多事情都需要付出勞動才會完成，才能更尊重別人的勞動和付出。

・把感恩當成一種習慣。

把感恩看成是教育的一部分。讓孩子在很小的時候就受到感恩的薰陶，真心感受。父母要以身作則，做好示範，利用一些生活中的實際例子去啟發孩子，如：媽媽幫爸爸洗衣服，爸爸就應該在孩子面前大聲說：「謝謝」。媽媽做飯爸爸幫忙的時候，也要說一聲：「謝謝」。爸爸在孩子過生日送禮物的時候，要讓孩子知道禮物是爸爸送的，應該心存謝意；這本書是哥哥姐姐送你的，你需要感謝哥哥姐姐。在這種氛圍中，孩子不斷受到薰陶，漸漸把這些事情看成是一種習慣，也學會向父母道謝，也會把感恩這件事銘記在心。

國外的孩子在很小的時候就開始進行禮貌教育，不管對別人的禮品內心有什麼樣的看法，都要態度誠懇的表示感謝，因為真正要感謝的是別人那一份心意，而不是禮物本身，更不是對禮物價值的認同。不管禮物多小，心中一定要常懷謝意，即使別人幫你的忙再小，也要及時道謝。這種已經養成的習慣，讓他們在日常生活中認為道謝是應該的。這種口頭的謝意也是緩解人們關係重要的方式，而且達到美化人生的作用。我們不得不承認，這種方式是非常良好的感恩教育。讓孩子明白自己享受的快樂生活也有別人付出的道理。當孩子們在感謝別人作出的善行的時候，大多數孩子的第一反應是以後自己應該如此，這就在心理上達到了暗示作用，讓他們從小就知道如何去幫助別人、照顧別人。

・讓孩子有表達感恩的機會。

當孩子有幫助家長的行為的時候，父母千萬不要說你只要成績好就可以了這種話。因為父母最重要的責任不是讓孩子只關注學業，而是讓他明白如何去做人，這是他可以認真讀書、把書讀好的關鍵。孩子明白之後才有回報、懂得回報，他能學會珍惜、學會體諒別人。

父母用正式的行動來展現對孩子的愛意的時候，一定要跟他講，父母這樣的真正原因是對孩子的愛，你看，父母為什麼不對別人的孩子這樣。然後，對孩子進行反問，你愛我們嗎？如果愛的話，你就應該以爸爸媽媽為榜樣，以實際的行動來證明對父母的愛。假如你準備給孩子削蘋果，當孩子接到蘋果的時候，應該讓孩子明白用什麼樣的方式可以表示對家長的感謝。當孩子把蘋果放在你嘴邊，你一定要吃，還要對孩子進行誇獎，蘋果少了以後還可以吃到，這種對「回報」養成的機會如果錯失了，就是莫大的損失。以此為據，孩子累了，你對孩子問詢，也可以反問如果是父母累了你會怎樣去做。並給孩子留出機會付諸行動。讓孩子進一步知道，他感興趣的東西父母同樣感興趣，父母為什麼會主動給他，就是因為愛。

父母以身作則，讓孩子在家長的影響下受到感染。

要讓孩子明白如何去感恩，父母就應該達到帶頭作用。孩子對父母的行為有一種模仿的興趣，因此父母在交談的時候要經常說「請」、「謝謝」等詞語。見到的事情都應該對孩子進行感恩教育，例如：對孩子說：「為了表揚你今天給你做好吃的。」「今天天氣真好，你的衣服這麼快就乾了，太陽公公真好，我們就應該對太陽表示感謝。」與孩子的對話最好每天都有感謝的詞彙。而父母對待事物、人都要有感激之情：家裡有老人，好吃的東西應該讓老人先吃，逢年過節都要給老人買禮物，讓孩子在這種氣氛中進行學習。

‧不要對孩子偏心。

讓孩子從小就一個人吃獨食，會讓他覺得這個東西只有自己一個人擁有或者食用，如果將給予當成一種習慣，在以後的日子裡就很難去談奉獻。一個不知道如何去關心別人、感恩父母的人就沒有辦法說他是一個擁有愛心的人。

當家裡有一些很好吃的東西時，例如有水果，一定要透過人數分配，要讓孩子知道與別人分享的道理。在孩子吃之前，應該讓他主動的謙讓給父母、長輩，最後才是自己吃，慢慢讓孩子成為一個可以尊重別人、有愛心的人。

當你遇到一些不順心事情的時候，你可以嘗試把這些告訴孩子，讓他知道父母的苦衷，讓他分擔父母的憂愁。你需要讓孩子明白，讓他在做事情中懂事；讓他受苦，讓他在吃苦過程中知道珍惜；讓他失敗，讓他在失敗裡明白如何去面對失敗；讓他流淚，讓他在淚水裡感知如何才能堅強；甚至可以讓他受點傷，讓他知道在奮鬥前進的路上受挫折、受傷很平常！因為父母不可能陪伴孩子一生，他必須去獨自面對人生，去面對紛繁複雜多變的人生。讓他知道成長、失敗與夢的鑄就，讓他知道感恩的心是多麼的重要。

別讓孩子輸在誠信上

誠信不僅僅是人的道德尺度，更是現代文明社會發展的重中之重。古往今來，誠信教育都是在基礎教育中非常重要的一課。所以，做個誠實不說謊的孩子，這一直做父母的總在告誡子女的一句話。而父母可以給孩子講一些誠心的故事，並且用一些實際的例子去教育孩子，可是這些並不一定所以讓孩子心中產生誠信的概念和品質。

在有的時候，積極、正面的引導可能會產生對立面的負面效用，誠實的教育可能讓孩子產生虛偽的思維，從而讓孩子背離原來的方向。

那麼，孩子是怎麼樣變得越來越虛偽，從而背離誠信的呢？父母在這個轉變過程達到什麼樣的作用呢？讓我們看看這兩個案例。

有一個小寶寶依偎在奶奶的懷裡，奶奶的手裡拿著寶寶喜歡吃的糖果，奶奶對寶寶說：「乖乖，把糖果讓奶奶嘗一嘗。」寶寶就非常爽快的把糖果放在奶奶的嘴裡。奶奶做了一個要吃糖果的動作，慈愛的說：「乖寶寶，好寶寶，奶奶不會吃的。」結果一般都是這樣，到了後來，還有別的人去逗寶寶，還是不吃寶寶的糖果，但是還會照例把寶寶誇獎一番。此時的寶寶心裡就明白了，將喜愛的東西象徵性的讓給別人，這樣大人就會誇獎自己，而不會損失自己的糖果。

終於有一天，寶寶手裡拿的是一支冰棒，奶奶擔心孩子吃涼的會影響腸胃。於是，奶奶就咬了一大口冰棒。結果寶寶居然會大哭起來，責怪壞奶奶會吃他的東西。此時奶奶把頭扭過去，流下傷心的淚水。

還有這樣一個案例：

有一個寶寶會說話了，爸爸媽媽認為這件事情非常好。與此同時，幾乎所有的家庭都會有這樣一個遊戲：「小乖乖，是爸爸好，還是媽媽好？」爸爸媽媽就會非常認真問這些問題，渴望自己在寶寶心裡占據重要的位置。

而此時的寶寶就不知道如何去回答，正在想如何去回答問題的時候，媽媽拿出了一個甜甜的大蘋果，「乖乖，說媽媽好，你就吃蘋果。」結果寶寶抵制不住蘋果的誘惑，說出了媽媽好的話，並且媽媽就把蘋果給了他；而不想被冷落的爸爸又拿出一個玩具：「乖乖，說爸爸好，爸爸給你這個小玩具。」而乖巧的寶寶自然會得到爸爸手裡的玩具。

一個問題居然有兩個答案，寶寶也知道兩面討好會有雙重收益。不知道孩子思維的父母，正是他們將孩子背離誠信的意識灌輸到孩子的心裡。

這種形態的教育總是出現在大多數家庭裡面，就這樣，孩子的虛偽的思維逐漸成長。終於，有一天，父母就會見到，寶寶不會誠實的面對問題，成為了一個喜歡說謊的孩子，學會了去騙。

讓孩子遠離誠信的，居然就是每天給孩子講誠實故事的父母，這件事情真是讓人觸目驚心。

父母就是人生中的第一任教師，我們的所有表現都是孩子的示範，甚至可以說，父母的言談舉止都是孩子未來的延伸發展。

因此，當父母為了應對一些孩子不合理的要求時，一般會編造一個謊話去哄騙孩子，而正是因為這種教育的影響，才讓孩子在其中學會撒謊；當我們沒能夠及時的重視孩子的謊言的時候，甚至覺得自己的孩子越來越聰明，這一個小小的撒謊行為，則成為了孩子與誠信相背離的一個訊號。

當孩子知道自己的父母有編造謊話的行為時候，當孩子堅守的信念被父母無情的愚弄的時候，當父母用各種手段用謊言欺騙自己孩子的時候，其實作為父母的你，就已經把所有的不良的品質教導到孩子身上，讓孩子逐漸的背離家長預期的方向。

其實，當我們找到那些有犯罪記錄的少年犯罪檔案時，也不難發現，不良的家庭教育給他們造成了非常惡劣的影響，而正是這種不符合正常兒童心理健康發展的軌道讓孩子走上了犯罪的道路。

如果父母不去以身作則，那麼孩子也不會有好的表現。所以作為父母，當你們正在為孩子這種背離誠信的行為痛心，諄諄教導孩子卻沒有收到成效的時候，那麼，請父母反省一下自己是否是一個誠實的人。讓我們從自身做起，用自己的實際行動去為孩子的心靈播下誠信的種子，並且讓孩子養成良好的品格。

學會體諒與包容是一種美德

「包容」這個詞我們經常提起，尤其是對孩子來說學要會包容，看待人生的角度可能是另外一番景象。不管是親情、友情，還是愛情，在這些情感困惑方面，有很多事情與缺乏包容是離不開的，所以在當下總是流行這樣說：「同理心，適當包容，幸福就在你身邊。」

對孩子來說，包容可以讓他收穫更多的友情，對於孩子來說，包容可以讓他知道怎樣做才會更有親和力，也會讓孩子的交際範圍變得越來越廣泛。

因為包容是一種美德，它可以提高人的道德水準，把孩子的心靈得以淨化！這個美德可以讓孩子受益終生。包容是一種境界，如果孩子很早就可以在包容下成長，就會擁有博愛的心、博大的胸襟，這樣就可以有效應對社會的各方各面。

在這個崇尚個性的時代，每個人的行為方式都有所不同，或許在理解上都存在差異，或許是世界觀的不同，但不管怎樣，我們應該讓孩子在人生的道路上有更多歡樂，讓他有一顆包容之心。

包容他人，對於孩子來說可能不是很簡單的事情，畢竟包容需要一種博大的胸襟，但是父母應該有意識的培養孩子，在鍛鍊孩子學會包容他人的過程中，讓孩子知道被別人包容的時候也應該包容別人，這樣，孩子長大之後，自然就會潛移默化的包容別人。

首先，要孩子可以體諒別人。

孩子和夥伴一起玩樂，可能就會出現鬧彆扭的時候，有些不愉快，甚至還會有廝打起來的現象。這不是因為孩子之間存在多大的矛盾，而是孩子之間對事物的看法不同而已。現在的孩子一般都把自己作為中心，總認為自己從來沒有錯，他人做事情也應該按照他的意思來做，不要說所有孩子都是這種情況，就是在這個群體裡面有幾個人是這樣的，那麼打架就是不可避免的。所以，家長一定要從根本出發，糾正孩子的錯誤觀點。要讓孩子意識到自己有哪些不足，而不是只為別人找錯，即便他人存在錯誤，也應該學會體諒別人。

在社會生活中，每個存在的自我，在別人眼裡也只是普通人而已；自我以他人之間，是以大眾作為連接點的。看重自己的利益與想法並沒有錯誤，但是也不能因此就忽視別人的意見和想法，總是把自己的意見放在第一位很有可能帶來非常不利的影響。有時別人的意識可能就是一種社會共識，對與錯的界限並不是很分明，甚至原本就沒有誰對誰錯，只是各自處在的角度不同而已。所以，我們應該學會體諒別人。

體諒他人最重要的要求就是有寬曠的胸襟。有的孩子胸很狹窄，總是斤斤計較，很簡單的事情總是弄複雜了。只要覺得沒有按照自己的意思去辦，就覺得別人是在故意刁難。

另外，包容也是一種能力的展現。

包容不僅是一種良好的品德，其實還是一種能力的展現，是一種讓自己生活在美好心境的能力，因為這樣能讓你得到別人的尊重，所以可以使你的工作更加的順暢更加的和諧。

雖然對很多人來說，包容別人並不是一件很難的事情，但是很多人也是沒有辦法做到。因為有的問題看似簡單，但是在某種層面上，還代表著一顆愛心，一顆寬厚的仁慈之心。一個可以包容他人的人，一定是一個胸懷寬廣、做事妥當、積極樂觀的人。

所以，假如一個成年人說可以包容別人，也不可能只是掛在嘴邊說說那樣簡單。對於孩子而言，雖然各種思想觀念還不是很成熟，但是孩子有一顆純真的童心，這顆心是非常純潔乾淨的，只要家長注重身教，然後以正確的方法進行引導，孩子就一定可以做到以真心去包容他人。

引導孩子去原諒他人的錯誤，告訴孩子誰都不可能總是正確的，如果你原諒了他，就是等於給了他一次改過自新的機會，這種態度對大家都是有益處的，如果你總是不原諒對方，對方心裡就會難過，你自己也不會得到快樂。所以，包容是最佳的選擇，它是一種能力，也是孩子成長過程中必不可少的能力。

所有有所作為的人，都具有一種包容天下的胸懷，沒有一個不是在異議中求同，在同中積極力量。有了包容，孩子的眼界自然就會更加寬闊，懂得包容，孩子生活的也就會更加幸福。

過程比結果重要

一個總是低頭走路的人，永遠都不會發現路邊風景的美，生命中最重要的不是結果而是發展的歷程！

在一則小故事中闡述了這樣的一個道理，作為孩子的領路人，應該讓孩子知道最重要的不是結果而是走過的路程！

父母在教育孩子的過程中應該讓孩子感受生活探尋自我成長的軌跡，在這個過程中，父母無法替代，老師也沒有辦法替代，孩子的成長的歷程誰也無法複製，只有讓孩子慢慢體會。

可能在家長還是孩子的時候，父母和老師都會教育孩子應該謙讓。哥哥弟弟都想吃那唯一的一個蘋果，媽媽會說：「弟弟比你小，你是哥哥，你應該讓給弟弟吃。」當哥哥把蘋果讓給弟弟的時候，媽媽會誇讚孩子：「你真是一個懂事的孩子。」為了讓媽媽誇獎自己是「懂事的好孩子」，哥哥自動的放棄自己的理想，把自己意願改變，成為了「好孩子」。我們覺得這樣做並沒有什麼不好。但是，從孩子的角度去想，大人沒有從孩子的真實想法出發，也許就因為這一次的影響，讓孩子總是順從家長的意志。如果孩子對家長的意志心中懷有反向心理，那麼，在他幼小的心靈深處，就會生出一種埋怨逆反的情緒。無論從哪個角度去考慮，順從或者逆反都不是我們想要的結果。

情節是相同的，我們來看下一則：在猶太人的家庭中，哥哥和妹妹為了一塊披薩爭執不休。聽到聲音的媽媽趕了過來，沒有去苛責孩子，而是溫和的對他們說：「誰都有權利享用這塊披薩，但重要的是讓另一個人先選。」結果哥哥分配的很均勻，兄妹都覺得這樣很好。在這件事情上，猶太媽媽告訴孩子了一條準則，把決定權交給孩子。哥哥公平公正的解決了問題，也是在能力上的一種鍛鍊，在心理上健康成長。在以後的社會活動裡，哥哥可能就會採用公平的方式處理問題。很顯然，哥哥在這件事上得到了鍛鍊，思維發展了，融入社會也就會更加的容易。

由於傳統道德模式不同，教育方法也會存在差異。不能說謙讓不是一種美德，但是由於當今社會的競爭日趨激烈，很重要的一項條件就是競爭。

在實際生活中「普通事」其實是最好的例子。在人的一生中，有很多經驗都是在挫折的經歷中培養出來的。也就是我們常說的「讀萬卷書，行萬里路」、「吃一塹，長一智」。讀書雖然可以獲得很多豐富的知識，但知識與智慧似乎永遠是不對等的，智慧的形成不是資訊累積的一個過程，而是對收集資訊之後的處理能力，是對世界發展的敏銳洞察和分析。而這種領悟和洞察，是必須在實踐生活中培養起來的。

能力的培養要比預知的答案重要很多。經驗很難傳授，真正的經驗是自己探索而來的。人也是如此，沒有親身體驗過，就不會清楚這是什麼樣的事情，別人無論如何去告誡，也不相信，難以感同身受。孩子的教育也是如此的。不嘗試，永遠不知道。嘗試，可能就會遇到麻煩，甚至很受傷。但是嘗試是無法避免的。其實我們都是從這種事情過來的不是嗎？人生的很多感悟都是需要自己去體會，吃虧是很正常的事情，沒有一個人只聽了長輩的教誨就不犯錯的？經驗教訓都是從吃虧、嘗試裡獲得的。

真正的覺悟只能是自己親自去感受。對於孩子，我們可以清楚告訴孩子會產生什麼樣的後果，但無法阻止孩子去嘗試。所以，家長更應該做的事情就是如何在精神上鼓勵孩子，做他的後盾，在他探索的過程中給他予幫助，「受傷」的時候給他在精神上予以幫助。要知道，重要的不是去如何訓導他，而是與他一起步入探索之路，協助他找到答案。

我們能給孩子的幫助以及告誡是非常有限的，因為我們的心中的認知非常有限。與其只是告訴孩子一個答案，不如引導孩子獲得答案的方法，需要做的不是給答案，而是讓他知道如何有得到答案的能力。這就是教育的過程。

家長的告知並不代表孩子就是成長了。孩子的路應該盡量放手，真正走到哪一步並不是特別重要，重要的是孩子在成長過程中，學到了什麼。

學會自省，沒有誰是常勝將軍

有些家長在一起探討的時候，都表現出不同程度的焦慮情緒，覺得教育現在的孩子是一個難題，家長說的話孩子不是特別樂意聽，甚至還出現反向心理。於是，很多因為工作關係沒有閒暇時間教育孩子的家長就以「武力」的方式教育孩子，以為這樣便能讓孩子臣服，然後改掉孩子身上的不良習慣，進而讓孩子變成「合格」的好孩子。

不能說這不是一種教育方式，但肯定不是最好的選擇。真正的教育，不是讓孩子感覺到威脅，而是自己從心裡反省，曾經有人說過：「你面對的不僅是一個兒童還是一顆極其脆弱的心靈，學校的教育不是將毫無感情的知識裝在腦子裡，而是師生之間的心靈溝通。」這些話是說給學校老師說的，對家長是非常有借鑒意義的。尊重孩子，走進他的內心世界，讓孩子自己意識到在哪些方面存在不足，自我找到解決問題的辦法，這才是最好的教育方法。

威廉斯是美國著名的心理學家。他曾經說過：「無論什麼見解、計畫、目的，只要有堅定信念支撐和反覆的思考，那它總會停留在人們的心中，成為積極行動的源泉。」這就很清楚的告訴家長，教育孩子一定要從孩子的角度出發，讓孩子自省，讓孩子在內心中知道自己的行為是不對的。

有這樣一個例子值得我們的家長借鑒。

老同學的兒子小軍在小學一年級的時候，有一天他把一隻小蟲子塞到一個女同學的領子裡面。女同學猛然受到驚嚇，慌亂尖叫中還把腳扭傷了，整個下午這個女生都在痛苦的呻吟當中。

這次可算是闖大禍了。每一次闖禍回到家，父親都會用棍子上下揮舞一頓。小軍想，這次棍子肯定會把他的屁股打爛的。

果然，父親這次把孩子叫到身邊。父子倆都心照不宣，因為這種事情已經成了家常便飯。這次父親把棍子揮得很高，沒有直接打下來，而是讓他先去做作業，等做完作業，再收拾他。

心神不寧的把作業做完，男孩心裡七上八下的返回自己的房間。父親攔住他，還是說說今天先不打你。等明天再說。說完，父親還是在孩子面前揮舞了一下棍子。

第二天整整一天，男孩心裡還是非常不安。他開始反省當時為什麼那樣去惡作劇。他懊悔不已。以前父親用多大力打，他也不會為自己所做的事情而悔恨。當父親把棍子落到他的屁股上的時候，甚至覺得這是一種英雄的「獎勵」。而這次，父親只是把他這頓懲罰延後了一天，卻讓這個小孩子心中有了懊悔的心情。

儘管他內心中的愧疚，基本上是由於對懲罰的恐懼。晚餐後，父親還是沒有向他動手，他覺得是不是父親已經把這件事情完全忘掉，這讓他心中竊喜。可是三天後，他覺得這件事情由此就過去了，父親卻突然對他說，你還有一頓打沒挨呢。他對父親說：「我以為你忘了呢。」父親居然說記得就好，然後示意孩子去睡覺。

這種懲罰就這樣慢慢的拖延下去。可每次他都要快忘記的時候，父親就時不時的給他提醒，讓他又是一陣痛。而每一次，父親都會示意孩子去做別的事。這種緩期執行的做法，讓他變得越來越仔細，不敢做任何錯事。

多年以後，哥哥是對孩子這樣說的。因為他上學了，慢慢的懂得一些道理了，自己就不能像以前那樣對孩子使用「家教」。不過，既然孩子已經犯了錯，懲罰還是不能避免的。這個懲罰，就會在內心中是一個戒條，無限期的在心中拖延。讓他心中總是有懊悔的情緒。

想想看，我這位老同學的做法非常有道理，其實也沒什麼高明的，就是給孩子帶了一個「緊箍咒」，而不是立刻讓孩子得到懲罰。看似沒有殺傷力，其實很有作用，這當然比揍兒子一頓更管用。這種方法的主要作用是，孩子內心有一種畏懼感，意識到自己的錯誤的時候讓孩子可以馬上找到錯誤。這正是我這位老同學教育的高明之處。

有位心理學家說過：「當我們的大腦處於半意識的時候，這時候人們的潛意識最容易接受事情，來用潛意識調整自己不當的地方。」所以說，教育孩子哪怕是要懲罰孩子，不必一下到位，直接去懲罰孩子，而應該講究應對孩子的對策，真正讓孩子自省自覺，這樣孩子的心裡不但沒有反向心理，還會在自己的內心深處有正確的思維碰撞，不斷收到意想不到的效果。

與成功相比，快樂更重要

作為家長來說，應該明白一點，孩子的童年只有一次。它是人生一筆極為珍貴的財富。然而很多家長都覺得孩子的玩樂、貪玩是一件非常罪大惡極的事情，他們覺得孩子從小就應該學習各種科目，成績好才是最重要的，只有這樣長大以後才會有出息。殊不知孩子最好的學習方法就是玩，在無拘無束的玩樂中，孩子不但提高了在視覺、聽覺和觸覺的經驗，而且還豐富了知識，同時也讓自己身心變得更加健康。

玩本來是孩子的天性，阻止孩子玩就是阻止孩子智慧的成長。現在孩子的負擔越來越重，要參加的各種培訓班也越來越繁多。白天要上課，晚上回家還要補習，週末要練舞蹈，學畫畫，學彈琴……孩子忙得太累了，他的生活節奏就好像是一個白領上班族。

可是，父母們沒有想到孩子只是孩子，他們的天性就是玩。他們應該對未來充滿希望，快樂的童年更重要。

愛人的同事的女兒李丹這段時間一直悶悶不樂、茶飯不思，學業成績也是直線下降。父母帶著孩子到很多醫院做檢查，結果卻是一切正常。後來在別人的提醒下，爸媽又帶李丹去看心理醫生，方才得知：李丹因為壓力所致，罹患了「憂鬱症」。孩子年齡很小，哪來的壓力呢？原來李丹的父母為了讓孩子早日成才，在孩子的素養教育上投入了大量的財力。李丹每天除了學習一些主要科目外，還要在中午到輔導老師家裡聽課，晚上回家還要補習外語。即使在節假日，李丹的課程都被安排滿了：週六上午學音樂，下午還要去學電腦，週日還要去畫畫，回來之後還要把各科的家庭作業完成。可以說，李丹每天除了吃飯、睡覺、搭公車，一點空閒散心的時間都沒有。

有一次，李丹到一個親戚家作客，親戚見她總是活動關節，便問她累不累。李丹抬起滿是稚氣的小臉，無奈回答：「累，又能怎麼樣呢。爸爸媽媽賺錢辛苦，花那麼多錢上那多貴的學校，我如果叫苦，爸媽心裡肯定特別痛苦。更何況，我也不能這樣放鬆，如果成績太差，爸媽肯定傷心啊，老師會批評我，別的小朋友也會不理我！」回家的時候，李丹看著天空自在的小鳥，歎息著說：「做小孩沒有做小鳥快樂！」

孩子的年齡還很小，竟然有「做小孩沒有做小鳥快樂」的歎息，可見她的思緒是多麼沉重。也許，父母的本意是為了孩子將來的前途，但是，正是因為從這種狀況下出發，把自己的願望都寄託在孩子身上，讓孩子的童年變得沉重而痛苦。當他長大成人後，回憶起童年只是繁重的課業，發現自己的童年沒有一絲的快樂，這會讓孩子心中形成無法磨滅的痛。

有很多父母希望孩子有出息，望子成龍，孩子剛會說話就讓孩子學習各種語言，孩子剛會走就送去學各種才藝，還美其名曰：「我寧願他的童年空白一片，也不讓他的中年一片空白！」這種邏輯簡直是荒唐！人自然成長的規律是不能被破壞的，人為的讓孩子跨越任何一個階段都是錯誤的。

作為父母，有沒有想過為孩子安排的這一切？為什麼這樣做？真的是為了孩子的快樂嗎？如果每個父母都把很高標準壓在孩子身上，那麼這種做法最終是為了什麼？作為父母，讓孩子能快樂成長，將孩子變成一個對社會有用的人才，就是很大的成功。

有這樣一個故事：一個孩子從小就非常聰明懂事，由於他的成績非常優秀，所以在父母的要求和自己能力的許可下，連續跳了幾次級，才十六歲就從大學畢業了。

畢業那天，媽媽說：「現在你已經大學畢業了，你就可以工作了。」可是他卻對媽媽說：「我不想去。」於是媽媽很納悶的問：「學上完了，不想去工作，那麼你想去幹嘛」他回答說：「我想回去讀高中。」

媽媽更是奇怪，問他：「你大學已經畢業了啊，為什麼還想去讀高中？」他回答說：「我想我的朋友們。」

其實，每個孩子都有自己的回憶。在他那些朋友還是很懵懂的時候，他已經開始讀莎士比亞的十四行詩了；在那些朋友開始對異性有愛慕之情的時候，他卻要為大學做準備了。

他和同齡的一些朋友的差距越來越大，而他與同級的同學沒有任何的共同語言。他沒有和朋友一起回憶的片段，和同學又存在年齡差異，他失去了孩子應該有的天真。

這樣孩子怎麼會快樂呢？對於人來說生命是短暫的，雖然要有積極進取的態度，但是也應該放慢腳步，享受生活的美好。做事需要穩，生活上也是一樣，慢慢的體會人生，哪怕是苦，也要慢慢體會，這樣才知道幸福生活的不容易，懂得珍惜成功。

有位學者曾經這樣說過：「這個社會對成功很看重，每個人都拼盡全力去爭取成功。但家長一定要明白。孩子需要成功。同時也需要讓孩子快樂，因為快樂的孩子才會有快樂的身心。這比成功還要重要。」

對孩子的要求不要太苛刻

孩子的天性就是自由自在。想讓孩子可以健康的成長就應該尊重自然經歷、尊重孩子的天性，讓孩子有自己的一番「小天地」。否則，對孩子的嚴加管束，過度逼迫孩子，會對孩子的身心造成很嚴重的傷害。

現在的孩子，早晨六點鐘就已經起床了，到晚上將近十二點的才睡覺，時間安排的過於緊繃。許多孩子在放假的時候還要補課，或是參加各種才藝班。他們沒有時間和朋友玩樂，沒有時間玩自己的玩具，沒有時間把自己放歸在自然之中，沒有屬於自己的自由空間。

經過有關專家的研究，如果對一個天賦正常的孩子正常的教育培養，那麼，這個孩子的日後發展將會有很大的潛力。但是，令人惋惜的是，在我們的身邊，卻有很多非常有天賦的孩子沒有成為人才。這些孩子的家長總是給孩子在學習上提出很多不切合實際的要求，對孩子的個人行為要求太過嚴苛，管得太多，讓孩子一點自由空間都沒有，最終讓孩子的心中充滿不滿和怨恨。

有的人即使在家長的嚴苛教育下成為了有用之才，甚至出了名，但是因為小時候受到過父母的嚴苛教育和管束，在心中也會有一種難以磨平的傷痕。

比如說英國的著名哲學家穆勒就是一個特別鮮明的例子。在穆勒很小的時候。他的父親是不讓孩子有玩的時間，就怕穆勒刻苦學習的習慣被打破，一點自由空間也沒有，事情無論大小，不讓孩子有「隨意」的愛好。穆勒因此在年輕時候是非常憂鬱的，心理障礙伴隨著終身。他常常痛心疾首的向人敘述父親嚴苛管教的情景。由此可見，父母應該給孩子自由的發展空間，不能總用家長的眼光去考慮問題，來威逼孩子。這樣做對孩子的傷害是非常巨大的。

牛伯伯的孫子張帆剛剛起床，正在盥洗刷牙。媽媽就推門而入，看了一眼張帆，說道：「你怎麼先洗臉後刷牙，我說過你多少次了，你為什麼不聽，你這樣做不符合盥洗的順序。為什麼總是不聽呢？明天一定要先刷牙，然後再洗臉。」張帆沒說話，一副厭煩的樣子。

一會兒張帆從自己的房間出來，媽媽用眼一瞥，頓時發火了「我告訴你今天穿新買的衣服！我把它放在你的枕頭邊了，你難道沒看見嗎？」

自從進入初中以後，張帆自由生活就沒有了，不能自己支配時間只能把頭埋在半尺高的書海當中。媽媽把張帆剛買的羽毛球鎖了起來，掛在牆上的明星海報也撕了下來，換成了「十不准」的規則和一抬頭就可看見的學習的警告單。張帆不得向電視機說「拜拜」了。每天放學回到家，除了吃飯以外，張帆所有的時間都在書桌度過，而且每天不到凌晨一點鐘不能睡覺。

記得有一次，張帆把老師以及媽媽交代的作業都做完了，把明天要學的課也預習了，正好媽媽又不在家，張帆就放鬆了一下，順手打開那很久沒看的電視機。不料剛剛打開電視媽媽就回來了。頓時，她沉著臉，對張帆大吼：「不去複習，你居然還在看電視？你看鄰居芸芸姐姐都考上了國立高中了，你怎麼和人家比，肯定連高中都考不好……」後面的話，張帆一句也沒聽去，淚水從眼裡淌了出來。張帆衝進了房間，看著學習的警告單有些發愣。

從本案例中可以看出：張帆的媽媽也是非常看重女兒的，但媽媽的教育有很大的強制成分，對女兒管得太嚴、太苛刻，讓孩子沒有了自由活動的權利，孩子的反抗也是非常正常的。

在物質生活十分豐富的今天，孩子的成長也伴隨了很多問題的產生：房屋的空間越來越大，心靈世界反而變小了；外界中的壓力變得越來越大，內在的希望也越來越小，這些矛盾常常讓孩子非常苦悶。

對此，現代父母心中一定是非常的痛苦的，孩子需要有自由發展的空間，對一些無關緊要的事情，家長應該嘗試著放手，讓孩子養成獨立的生活習慣；同時，避免孩子因為一些小事情而產生矛盾，從而產生反向心理拒絕一切事情，包括合理的要求。那麼，怎麼教育孩子才是正確的呢？

・對孩子時刻保持信任

讓孩子有一種受到信任的感覺，父母越信任孩子，孩子自然會越懂事。否則，孩子可能就會說謊。比如有些家長，因害怕孩子交不到好的朋友或異性朋友而不希望孩子有太多的自由空間，甚至運用各種手段、偵察孩子的動向，對孩子進行監控，偷看孩子的日記以及來往書信，父母的這些做法，不會達到好的教育目的，反而會引起孩子的強烈反感，對孩子的感情進行傷害。

讓孩子培養獨立的人格

父母與孩子之間最好的關係就是平等的朋友關係，而不是管理者與被管理者的關係。千萬不要把孩子當作自己的附屬品。要讓孩子知道如何去獨立、自己可以有效管理自己、自己約束自己。

・好的環境好的孩子

要讓孩子有一定的自主權利，給孩子自己的時間和空間，不要過度去管教，更不要對孩子監視。應讓孩子有一定的隱私權。父母不應該了解孩子所有的事情。該讓孩子自己去做自己應該做的事，孩子自己應該管的事應該自己去管。千萬不要讓孩子覺得留給孩子的時間就是一種施捨，千萬不要在孩子自由空間這一點講條件，否則，孩子的心中就會有一種傷害。如果孩子從小就沒有自己支配時間和空間的自由，孩子失去的不僅僅是自由，更嚴重的是，還會導致孩子人格的不健全。

為了，讓自己的孩子有成就，父母對孩子的教育管教是很有必要的。但是應該做到有管教的方法，管教還應該適度。父母管理孩子不可以太過嚴苛，要學會做到收放自如。正如一個剛成長的幼苗需要陽光和空氣一樣，否則，再優良的幼苗也不會很好的成長，再聰明的孩子成長的也不會快樂。有句古話叫做「嚴師出高徒」。這句話其實並沒有錯，但很多父母運用的時候不得其法，不僅傷害了孩子，有的甚至造成孩子一生的傷害。

心理測驗：你們是否關心你們的孩子？

天下父母非常多，每個父母對孩子的認知程度、教養方式和心理狀況都是不同的，這是每個人都知道的事情。最近，美國兩位教育專家經過長期研究之後，把父母分成了兩種類型，控制型父母和發展型父母。

控制型父母：這些父母認為，他們應該對孩子的教育成長負全責，與子女的一切有關問題都應該是父母的問題。他們對個子女的教育範圍包括，保護過度、過於獨斷、干預子女的行為習慣；從不會聽別人勸解、諄諄誘導的作用；總是給孩子下死命令；死守傳統，把子女當做家庭、族系或本身的延續；堅持己見，抗拒客觀的分析以及抑制子女的好奇心。

發展型父母：這類父母經常輔助孩子在人格上的培養，與子女的關係比較平等，摒棄家長式的教育傳統。他們與子女的關係很平等，不墨守傳統，善於引導、說理勸解。培養孩子獨立的人格以及心理，尊重子女的好奇心和求知欲，對客觀環境的變化有認同感，並把可變性當做子女人生不可少的一部分。肯聽子女的意見和方案，對子女表露真實情感，與子女維持互助友愛、互相尊敬的密切關係。

因為不是所有的父母都對類型分得非常清楚，如果你想知道自己屬於偏重哪種類型的家長，那麼，不妨對這幾道題進行回答。對下面的每一問題，根據你認可的程度，可給予1～5分，同意的程度越深，給分越多；同意的程度小分數低，最後得出總分，然後判斷自己的家長類型。

問題	1	2	3	4	5
家庭的生活習慣受時代的變化而改變。					
兒童會很自然做自己認為對的事情。					
父母應該對子女的行為作出合理的理性解釋。					
子女應該慢慢的有自己決定事情的機會。					
嚴格的管教，對孩子有好處。					
讓孩子有向外發展的機會。					
子女成長獨立，你的心裡最安慰。					
對子女過度照顧擔心，不會有什麼好作用。					

子女應該被容許自由發展，找到自己的真正價值。					
讓子女參與部分成年人的活動並學會溝通。					
責罰是不可取的。					
大部分兒童均具有潛在特質，讓他們自己去發揮潛力。					

把12道題目的得分相加，得出如下結果：

12～18分，屬於高度控制型；

19～30分，偏向於控制型；

31～41分，屬於中庸型；

42～52分，偏向於發展型；

53～60分，屬於發展型。

以上測試結果，有一定的參考價值，但應以自己實際情況為主

第六章　樹立自信，讓孩子在讚美中進步

讚美可以激發孩子的創造力

孩子的好奇心是與生俱來的，對於很多新鮮的事物，都會主動「打破砂鍋問到底」，提出各種各樣的問題，以充實自己的大腦滿足自己的好奇心。這時，家長不但要保護孩子的好奇心，還應該給孩子提供良好的認知環境，讓他們從中就有一種好奇的感覺，進而激發他們的創造力。

然而有很多父母當聽到孩子提出那些稀奇古怪的問題和創意時，總有一些不耐煩，完全不放在心裡，甚至還會對孩子加以斥責。長此以往，就會磨滅孩子的創新思維，對他們的創造力發展造成阻礙。

有一天，我兒子邀請幾個同學到家裡來玩樂，媽媽給了每個小朋友一盒優酪乳。孩子們喝完後，都很規矩的放到垃圾桶裡面，只有我兒子沒有扔掉它。他似乎有了很新奇的想法，舉著盒子興奮對他媽媽說：「媽媽，你看，這個盒子好像是一艘船啊？」

媽媽親切問兒子：「你為何說它像一艘船呢？」兒子眨了一眨大眼睛對媽媽說：「如果剪到一邊，再用紙黏上不就是一艘船嗎？」媽媽為兒子的發現而驕傲，她笑著對兒子說：「好啊，那你把這個盒子整理好，我們一起動手做船。」

於是兒子高興去清理盒子，等他把盒子洗乾淨，媽媽就拿來了膠水和剪刀，幾個同學就圍了上來，看著兒子做小船。兒子做的更認真了，很快，一艘很簡單的小船做好了。兒子非常高興，其他的孩子也想做這樣的小船，紛紛對兒子他媽媽說：「阿姨，我想做個火車頭！」「阿姨，我想做個信箱！」

媽媽和藹的對大家說：「好，好，大家先不要急，你們去找一些紙盒子，大家一起發明，看誰做得最好！」

同學們都幹勁十足的找來紙盒子，非常仔細的做起來。過了一會兒，孩子們把做好的東西都放在書桌上面，每個人都仰著頭，充滿期待看著自己的作品。媽媽也高興誇獎了每一個孩子，並告訴孩子們：「看看，只要大家平時多思考，充分發揮自己的創造力和想像力，每一件東西都是一件藝術品，多麼神奇啊！」

孩子的奇怪想法和念頭總是層出不窮，也許在父母眼裡，這些東西非常幼稚甚至荒唐，甚至不符合實際，但這是孩子思維活躍具有創造能力的展現。然而一些父母不了解，他們覺得孩子是在搗亂，於是開始阻止並教訓孩子，其實這樣做只會讓孩子喪失創新思維，讓孩子心裡沒有很好的創新思維，這樣不利於孩子創新思維的發展。

所以，當孩子有很奇特的想法時，父母應該表示讚美和鼓勵，讓孩子按照自己的想法去行動。這樣孩子才會敢於探索，敢於發現。世界上的很多創造發明，都是從一些新奇的想法中產生的。而孩子的異想天開，正是一種創新能力的展現。

人們也經常因為一些小失誤，而發現人生有很多美麗的風景，孩子也是這樣的。因為他們的創新能力和思維會讓他們發現很多新奇的東西，從而讓孩子的好奇心更濃、求知欲更重。

公司王姐的兒子王小明對畫國畫很感興趣，所以父母特地給他報了一個國畫班。但是他經常會因為一些失誤而苦惱。比如因為毛筆掌握不好，有時候就會在紙上留下一大塊墨，還有的時候是因為收筆手一抖，破壞了整個畫面。

有一次，王小明正在家裡畫荷花。這時，我正好到王姐家裡做客，看到王小明在畫畫，就很有興趣的在一旁觀看。那位朋友一邊看，還在一旁誇獎：「王小明畫得真不錯啊！」

王小明聽了誇獎自然很高興，也很興奮，但是也許過於高興，又或者因為旁邊有人，在最後的關頭，王小明沒有握緊筆，毛筆停在了一個綠荷葉上。馬上就要完成的畫就要毀了，王小明把嘴撅的很高。

這時候，爸媽的朋友微笑著對王小明說：「這張畫只是沾了那麼一點墨，你可以變一變啊。」王小明沮喪的搖了搖頭，說：「怎麼補救，現在我看只能重畫了。」

爸媽的朋友笑著說：「當然還可以。你再想想，河裡除了荷花，池塘裡還有什麼動物在荷葉上？」王小明聽了這話，靈機一動：對啊！我怎麼給忘了呢？應該是青蛙才對啊？於是他趕緊拿起了筆，在剛才塗抹的地方，仔細描畫了一番。

很快，他畫完了，大家一看，原來不小心蘸墨的地方畫了一隻很小的青蛙，真是絕妙啊！大家都為王小明鼓起掌來，王小明也高興對我說：「謝謝您叔叔！」

從此以後，王小明對畫畫的興趣更濃厚了，而且還有很多新奇的想法，為他的畫增添光彩。

可見，有時候孩子的創新思維的潛能是巨大的。家長不要等孩子有成績了，然後再去表揚，而是善於找到孩子的優點，在孩子思考過程中有阻礙的時候，及時給孩子指點和幫助，啟蒙孩子的創新思維，讓孩子有新奇的想法去解決矛盾。

創造力是孩子發展的源泉，也是促進孩子思維創新的一種動力。是未來孩子卓越發展牢固的基礎。所以，父母在面對孩子有奇思妙想的時候。要耐心的傾聽，充分肯定和鼓勵孩子的創新意識，尊重他們的意見，並適時的積極引導和鼓勵孩子，這樣將有助於孩子創造力的培養。

及時讚美孩子，哪怕一點點的進步

孩子需要的不僅僅是讚美，更希望得到的是家長的關心和憐愛，所以父母對孩子，不僅僅只是在語言上積極讚美，更要及時的把這種讚美和肯定的意思傳達給孩子，讓孩子明白父母的愛是真心實意的，從而充滿自信的面對學習和生活。

當孩子在生活和學習中的進步只是很小的一步時，也需要你積極把握，也不要等事情過去以後才鼓勵孩子，應該在第一時間讚美孩子的勤奮和進步。當孩子主動告訴父母自己在哪方面取得進步的時候，父母也要對孩子的行為進行積極關注，哪怕需要放下手頭上的工作，也應該發自內心的給孩子讚美和鼓勵。這樣才能讓孩子更健康快樂的成長。

我的老同學李娜在學校的才藝班做鋼琴老師，這段時間，她正在教新報名參加興趣班的孩子彈鋼琴。在這些孩子裡面，有一個叫張山的小男孩給她留下很深的印象。因為他學鋼琴很用功，雖然剛開始的掌握起來比較困難，但後來漸漸進入了狀態，彈得越來越熟練，她覺得這個孩子非常有潛力。

然而，正當李娜覺得張山鋼琴學習進步越來越快的時候，那孩子竟然有兩週沒去到才藝班學習彈琴了。她覺得很奇怪，就撥通了張山家的電話，接電話的正是張山。

「張山，這兩週怎麼都沒來學琴了呢？」李娜關切的問。

張山委屈的說：「媽媽不讓我去了。」

李娜覺得很詫異：「為什麼不讓你來了呢？是不是你家裡有什麼事情發生？」

「也沒什麼事，就是媽媽覺得我沒有什麼進步，再學下去也是浪費時間。」

李娜更震驚了：「怎麼會呢，你學得很刻苦啊，進步也很快，媽媽怎麼會這麼說？」

張山小聲說：「我每次學完琴到家裡，媽媽總回來看我彈得怎麼樣。每次彈完，她都說彈得太差，說我不是那塊料，就不讓我學了。」

掛上電話後，李娜的心情有些沉重，也為張山的媽媽感到悲哀。她沒有看到孩子的進步，僅僅是因為孩子的表現沒有達到她心裡的預期程度，就否定了孩子的全部努力和成績，這對孩子是多大的傷害啊。也許這是無意的，而張山的媽媽期望過高，可能也就損失了一個藝術家。

其實孩子在學習或是生活方面，總是會有一些地方是讓父母不滿意的，比如成績總是很平常，做事反應有些慢，腦筋沒有別人聰明……但是父母應該關注的是孩子的每一次進步，這才是最重要的。

在孩子們看來，自己的進步雖然只是一點點或者很小，他都覺得是一種提高，父母也應該感到高興，那麼他就能得到表揚。可是有的父母卻不會從孩子的角度出發，總是用家長的標準要求和衡量孩子，所以導致孩子在很多時候沒有辦法完成家長預設的目標。如此一來，孩子就看不到自己身上一點一滴的進步，就總認為自己是不是真的很沒用，慢慢到最後連一點自信也沒有了。

所以，做父母的應當隨時去發現孩子的進步，哪怕這種進步是很小的。當孩子表現不好或者效果不理想的時候，不要打擊孩子的信心和積極性，而是應該善於從生活發現孩子一點一滴的進步，並給予孩子讚美和鼓勵，讓孩子重新恢復自信心和勇氣，向更好的方面發展。

表侄王鵬上小學三年級的時候，他的期末考試成績是班上的十五名，而他的同桌在班裡總是第一名。王鵬感到很難過，回到家後，他問媽媽：「是不是人家比我聰明？我和同桌一樣上課認真聽講，也同樣仔細完成老師安排的作業，可是，為什麼我考十五名，而她能考第一名呢？」

媽媽撫摸著王鵬的頭，溫柔的說：「孩子，你已經進步的非常快了，以後會越來越好的。」

到了第二個學期的期末考試，王鵬考了第十一名，而他的同桌還是班裡第一。王鵬又想不通了，回家後，他又問了媽媽同樣的問題。媽媽還是那樣親切的告訴他：「你比上學期有了很大的進步，以後你的成績會越來越好的！」

就這樣，王鵬小學畢業了，雖然最後他還是沒超過他的同桌，但是他的成績一直在顯著提高，等他畢業的時候，已經進入了前五名。

暑假的時候，媽媽帶王鵬去看大海。母子倆坐在海灘上，遠處還有一些在海邊爭食的海鳥。他們發現了一件有趣的事情，體型越小的鳥起飛的速度卻越快；而那些體型比較大的鳥，比如說海鷗，卻顯得非常笨拙，而且飛得很慢。這時，媽媽告訴王鵬說：「孩子，海鷗起飛雖然很緩慢，但是真正能飛越大海、到達天際的還是牠們。」

王鵬聽了媽媽的話豁然開朗，進人初中後，他的成績一直處於領先地位。到了高中，他成了全校數一數二的資優生，最後還以全校第一名的成績考入了國立大學。

王鵬的媽媽，也就是我的表姐並沒有以家長的標準去衡量和考量孩子，而是善於發現孩子身上的進步，並鼓勵和讚美孩子，這不僅讓孩子達到了學習的預期效果，還讓孩子對學習和做事的態度有了很大的轉變。其實，有很多孩子喜歡學習中的一些課程，多數是放學回家以後有人想了解孩子的學習進度，並肯定他的進步。如果家長完全沒有意識到孩子身上的，或是看到了也置之不理，不去讚美和肯定孩子，他們的學習態度自然沒有積極性和主動性。

所以，當孩子在學習和生活中取得進步，或是孩子做事的效果不是很顯著的時候，作為父母，也應當時刻提醒孩子的進步，哪怕那個進步很不明顯，並對孩子進行積極的鼓勵，讓孩子找回自信心和勇氣。

有針對性的讚美孩子

每個事物都有它的多面性，孩子也是如此的，某一方面表現好，並不代表孩子在的其他方面也表現也很出色。所以家長在表揚孩子的時候，應當有具體的事情和人，言之有物，這樣才能更容易觸動孩子的內心，提高孩子的信心。

然而，有的父母了解誇獎孩子的重要性，但是卻不具體，讓孩子心裡不清楚自己在哪一方面做得好，受到了表揚。這樣長此以往，就會讓孩子的自信心過於膨脹，容易養成驕傲自滿的性格。

老李是公司的同事，他有個六歲的小男孩兒叫李天陽，和所有的孩子一樣，他只要一聽到別人讚美和誇獎，小臉上立刻精神煥發，笑得聲音非常大。媽媽見他這樣，就經常誇獎他：「我的兒子你最棒了！真是太厲害了！」可是就這樣的一段時間以後，李天陽漸漸覺得自己比別人都優秀，在其他孩子面前也表現非常蠻橫。

有一天玩遊戲，他居然一把推倒了朋友，還大聲吵架：「你怎麼不聽我的話？」媽媽有些吃驚，怎麼回事呢？我誇獎難道錯了嗎？媽媽狠狠批評李天陽，想來想去，覺得自己太過縱容和誇獎孩子了，才會讓孩子變得這樣蠻橫，覺得自己比誰都強。

於是，媽媽開始有意識的不去讚美孩子，李天陽也很少聽到讚美。可是沒想到一段時間後，李天陽越來越沉默寡言了，什麼事情都不去做了。媽媽擔心了，這時李天陽的爸爸告訴她：「我們不能忽冷忽熱的對待孩子，一會兒表揚他，一會兒又不表示。其實表揚本身沒錯，主要表揚沒有具體到人身上，讓孩子明白為什麼會受到表揚。」

媽媽恍然大悟，從此以後，當李天陽主動收拾了玩具的時候，媽媽誇獎他說：「孩子，謝謝你幫媽媽整理房間。真開心我家孩子這麼懂事！」孩子聽了特別高興，以後更主動收拾玩具了，為媽媽減輕了不少家事。

有一次，李天陽撿到了五十塊錢，趕緊找丟錢的人並歸還，於是媽媽不失時機的表揚他說：「你真棒，拾金不昧，知道把錢還給小朋友，棒極了！看你平時那樣喜歡吃零食，卻沒拿撿到的錢去買，媽媽的心裡真的為你驕傲。」李天陽又找到了自信，覺得自己做了件了不起的事，自己也覺得自豪。

將表揚細化以後，孩子就會有明顯的變化。他會主動要求做家事熱心的幫助他人，還會非常有禮貌的與別人打招呼……在這樣的表揚中，孩子變得越來越積極，也越來越優秀。

很多父母都發現，要想讓孩子懂事變得優秀，就要經常表揚他。而教育專家們也認為，正確的表揚可以有效的提高和培養孩子的自我意識和獨立能力。有針對性的表揚是一種強化手段，是讓孩子可以有效的把好的習慣堅持下去，這樣做遠比批評更有效果。而且這種表揚有很大的講究，因為孩子們需要的是發自內心的、貼切自身的讚美。

我的同學王建在小學做數學老師，在一次數學課上，老師正在講解教學案例，他請學生孫建中在黑板用公式計算這道例題。孫建中寫完後，老師問他：「建中，能不能告訴我你是怎樣想的？」孫建中清楚大聲告訴了大家他的想法和計算過程。說完後老師對同學們說：「大家有沒有發現建中身上的一個優點，能告訴我是哪個優點嗎？」孩子們想了想，沒人知道老師到底要說孫建中身上的哪個優點，於是都沒有發言。老師見此就說：「我要表揚的是建中同學能非常清楚完整表達出自己的想法，也就是內心的想法，這一點值得大家去借鑒！

才剛說完，老師就發現平常自由散漫的孫建中立即坐得很端正，感激的望著老師，而其他的孩子也都若有所思。

現在很多父母和老師都知道了表揚可以對孩子達到積極的作用，他們經常用表揚來激勵別人。但是剛開始幾次，孩子們聽到表揚心裡會很高興，變得積極，然而時間長了，效果就不顯著了，這是為何呢？因為那些都很書面化，沒有針對性，也不具體，要讓表揚效果好，就必須有針對性。比如這位老師對孫建中的誇獎，就有很強的針對性，針對孩子表達能力強讚美孩子「可以完整的敘述自己的思考過程」，這樣的讚美孩子，引起孩子的共鳴。只要我們對孩子進行充分的了解。對孩子進行有針對性的表揚，而不是書面的表揚。

普通的表揚不能持久。有針對性的表揚更加具體，更加深入。只有針對孩子的優點和缺點。

適當表揚孩子的可誇之處，才能讓孩子從內心中充滿自信！

在別人面前讚美孩子的優點

每個孩子都是有自尊心的，作為家長，對於這一點也應該有清晰的認識，這樣才能正確的引導孩子、培養孩子。特別是有外人在場的時候，孩子的自尊心就會非常強烈，假如在別人面前批評孩子，這樣做會讓孩子的自尊心大受打擊。

孩子的思想並沒有發育成熟，很多想法都比較幼稚，而大人的語言動作就會影響到孩子的行為。

當父母並沒有在意的時候，或者是因為生氣說孩子「笨」的時候，可能就會讓孩子形成一種觀念：「我天生就是笨孩子。」如果總是如此，孩子一次又一次被大人責罵，就等同於總是在自我否定：我是一個笨孩子。

我曾經為一個叫王璐璐的小朋友補習作文。有一天，王璐璐和媽媽上街買東西回來，正好遇到鄰居家的母子也要出去，媽媽對王璐璐說：「這是李阿姨！」王璐璐很大方的說：「李阿姨好」。也就是在這個時候，鄰居家的李阿姨對王璐璐的媽媽說：「你家璐璐真可愛，人長得漂亮而且聽話，不像我們家這個小子，整天就知道打打鬧鬧，只會搗蛋，真是讓我煩透了。」

聽完了媽媽的話，這個男孩瞪大了眼睛看著媽媽，不情願說：「媽媽！我哪裡不乖了？」此時媽媽卻沒有照顧孩子的心情，而是大聲說：「你就是不聽話，還頂嘴，整天就會搗亂，煩死了！」小男孩頭也不回的跑走了。

而從此之後，鄰居家的男孩的性格就開始有些變化，再也沒有像以前那樣活潑好動了。

還有一次，男孩看見媽媽從外面回來了，於是就躲到沙發後面不再理會媽媽。媽媽說：「乖寶寶，過來親親媽媽！」結果小男孩不僅沒有過去，反而怒氣衝衝的說：「我不乖，我不想親！」

很多父母都有非常強的自尊心，但是卻從來不去考慮孩子的自尊心，就算父母知道是委屈了自己的孩子，或者是傷害了孩子的自尊，但覺得沒什麼重要的，認為一個小孩子沒有必要在乎面子的問題，甚至有的時候父母還會當眾給孩子懲罰，作為懲戒。

其實，父母的這些做法並不是很正確，因為這樣做不會誘導孩子向好的方面發展，反而還會給孩子造成難以磨滅的創傷，甚至讓孩子有一種怨恨情緒，並且讓父母與孩子之間的關係變得非常緊張。

所以，我們應該把對孩子欣賞的一面讓別人知道，更善於在別人面前表揚自己的孩子誇獎他的優點，要讓自己的孩子自己有一種受到重視和欣賞的感覺，從而能夠培養孩子更加的自信。

有一次，公司老王邀請了我們幾個同事到家中作客，幾杯酒下肚，幾個人就開始談論各自的兒女來，可是他們都在誇讚別人的孩子，但是卻沒有一個家長誇獎自己的孩子。

這個時候，老王非常興奮說道：「你們就不要互相吹捧了，我覺得我們家寶東就非常好，我這兒子不僅學業好，而且非常乖，並且知道關心別人。就前幾天，我工作特別累，寶東還幫我捶背呢。兒子的小手捶在我的後背上，我心裡開心啊！」

就在父親誇獎兒子的時候，我們幾個都用羨慕的眼光看著他，其中有一個同事說：「寶東這個孩子真不錯，我們非常羨慕你啊！」

「其實你們的孩子表現都不錯，只是你們就會挑毛病，卻不觀察孩子身上的優點。」老王對同事們說。

王寶東在自己的房間裡面聽到了爸爸和我們的談話，心裡特別開心，他下定決心要更加努力，不辜負爸爸對自己的期望。

其實，每個孩子都是自身的缺點和優點，如果家長可以很早的發現孩子在某些方面的優勢，幫助他把長處發揮出來，那麼就可以讓孩子在獲得不錯成績的同時，知道自己在哪方面有優點，這樣就可以變得更加的自信。

當父母欣賞自己孩子的時候，其實也應該讓其他的父母欣賞自己的孩子，每一個孩子都想得到別人的誇獎，而且在有的時候，別人的誇獎更能夠激發孩子的上進心和自信心。

那麼，我們在別人面前誇獎孩子的時候要注意以下三個方面：

1　誇獎孩子的態度必須是真誠的。我們千萬不要因為與別的家長吹噓或者是炫耀自己，而把孩子的優點誇大。

2　必須要真實。父母一定要透過孩子在日常生活中的表現去誇獎孩子，不能為了誇獎孩子，憑空捏造事實，這樣就會讓孩子懷疑你的真實性，也可能把吹噓的毛病傳給孩子。

3　誇獎要有度。在別人面前誇獎孩子沒有問題，不要喋喋不休，讓孩子覺得不適應，也讓別的家長感覺到尷尬，要知道，讚美的話不是越多越好，有時候說多了不一定有好處。

讓孩子知道自己的「特質」

每個孩子身上都是有特質的，而父母應該做的就是從孩子身上找到特質，同時為他們創造良好的環境。只要父母可以找到孩子的優點並且給予鼓勵和讚賞，每一個孩子都是可以有所作為的。可以說，孩子身上的優點是否可以最大限度的發揮，最關鍵的是父母而不是孩子。

首先，父母應該在生活中善於發現孩子的優點。孩子的優點展現在各方各面，有的孩子非常具有音樂細胞，如果孩子對曲調音符非常敏銳，聽音樂可以達到入迷的程度，那麼這個孩子很有可能有極佳的音樂天賦，父母就應該在這方面去培養孩子，孩子在這方面取得一些成果，父母就應該相應的給予孩子在音樂方面的獎勵。有的孩子色彩感非常的強烈，並且經常在地上、牆上進行塗鴉，特別喜歡用顏料和紙張畫畫，就應該鼓勵孩子在繪畫方面的潛力，還應該經常帶領孩子去郊遊，接觸大自然，開闊孩子的視野。這些也是一種獎勵孩子的方式，這些方式都非常有利於孩子天賦的開發。

其次要經常鼓勵和引導孩子。每一個孩子天生都有一種天生樂觀的精神態度。當孩子遇到挫折時，父母就應該積極開導孩子；當孩子的成績非常不理想的時候，你只需要對孩子說：你不比別人差，別人能做到的事情你同樣可以。這種從內心發出的鼓勵，會讓孩子重拾自信冒險犯難，孩子也因此在精神上找到了支柱和依靠。

比如：孩子受到老師的表揚，父母就應該對孩子誇獎一番，更增加了他的信心。如果成績是中上等的，那就是非常有必要的，可以找找差距，但最重要的還是以誇獎為主。即使成績非常不理想，也要幫孩子鼓足幹勁，鼓勵孩子上進，多幫孩子找一些原因，關鍵是要找到孩子的優點。在這種時候，千萬不能讓孩子灰心喪氣。

我們社區裡的豆豆性格有些內向，朋友們也不和他一起玩。因此他不太喜歡出門，總是寫完作業在家裡和小狗玩，把學習和生活的一些事情變成小故事給小狗講。

豆豆的父母擔心孩子將來不能很好的融入社會，但轉念一想，這樣煩惱也是於事無補，還不如引導孩子把那些對小狗說的話記錄下來。豆豆媽媽鼓勵豆豆，把記下的故事寄到兒童報社，竟然有幾篇登報了，讓豆豆感到了成功與快樂。不少孩子也開始要求豆豆講故事給他們聽，時間長了，豆豆的性格也漸漸開朗起來。

豆豆還很有環保意識，常把社區裡的果皮、紙屑撿起來放進垃圾箱，年前還被社區管理委員會評價為「環保小尖兵」。其原因是因為父母對孩子環保方面的肯定和表揚，每當豆豆拿回「環保小尖兵」的獎狀時，他們都會興高采烈的給予誇獎。

豆豆還非常有愛心，他把摔倒的孩子從地上扶起來，幫阿姨找回遺失的鑰匙……看到豆豆幫助人的時候，爸爸、媽媽總會充滿喜悅的讚美孩子：「豆豆真懂事，這麼小就知道幫助別人，將來長大了就會是有用的人才！」

在父母的讚美聲中，豆豆一天天懂事了。

從上面的案例可知：孩子的基本需要是愛和尊重，由衷的欣賞、鼓勵孩子，需要父母學會從不同的角度看到孩子的特質，用發自內心的喜悅感染、打動孩子，讓他保持積極樂觀的心理狀態。

當孩子獲得成功的時候，他們期待的大家，尤其是父母的肯定與誇獎，就像這個案例中的豆豆，有環保意識的豆豆被評為「環保小尖兵」，他就有了很高的積極性。當孩子受到挫折時，他脆弱幼小的心靈需要父母的理解和關愛，這時，父母的熱情關注就是對孩子的愛，給孩子指出成功的道路，培育孩子的自信心。

可見，孩子有出色的表現時，最期望得到父母的讚許和鼓勵。積極的讚美，才能使孩子感受到家長發自內心的愛和讚美，讓孩子的心中變得愉悅，強化孩子那些優秀的表現，促使孩子努力做得更加完善。更加全面的強化孩子的優點。

父母發自內心的讚美是引導孩子一步步走向成功之路的動力。父母如果總是把目光放在孩子的錯誤身上，就會產生焦慮情緒，對孩子的教育喪失耐心與自信心，孩子的發展方向也會變得消極。父母在糾正孩子頑皮等錯誤行為的同時，應該用心發現孩子身上有哪些優點，細心觀察他的每一點進步，及時的對孩子的行為進行肯定。孩子會逐步改掉不良習慣，優秀品質隨之彰顯出來。

・欣賞孩子錯誤中的特質

在工作和生活中，成年人都希望得到大家的肯定和認可，偶爾也會發現一些自己也無法想像的錯誤，小小年紀的孩子又怎麼不會犯錯呢？發生這樣的事情的時候，父母一定要保持清晰的頭腦，客觀分析孩子為什麼會這樣做。如果孩子是為了獲得尊重和肯定而去犯了一些常規的錯誤，至少有令人欣慰的地方：孩子想得到家長的表揚，想要上進。父母應該肯定這一點，多找機會去表揚孩子，滿足他的內心需要，在此基礎上用正確的方式引導孩子和肯定孩子。

・欣賞孩子的與眾不同點

世界上沒有兩片完全相同的樹葉，也不可能有兩個完全相同的孩子，每個孩子都有自身的特點。這些特點就是孩子性格中的一部分，沒有條理的斥責和強硬的態度只會讓孩子心存反向心理，讓孩子走向另一個極端。發現孩子具有負面的性格特點時，父母要對自己的教育方式進行反省，尋找孩子性格中的積極一面，從具體出發。幫助孩子一步步的舒緩天地，在人際交往和社會生活中獲得更多的快樂，逐漸成為一個優秀的孩子。

・告訴孩子，他不比別人差

心理學研究證明：當孩子克服困難受誇獎的時候，就會加強孩子的自信心，他會更加的努力向自己理想的方向發展；如果孩子經常失敗，一旦有成績家長就對孩子及時進行積極的表揚，孩子的自信心也能得到加強。

孩子一生下來就要經歷一個學習的過程，逐漸形成了自己的優點和缺點，父母需要盡量為孩子的發展創造良好的環境，並盡可能的走進孩子的精神世界，但孩子受到挫折需要家長進行教誨、指點、鼓勵或獎勵，讓孩子可以體會到成功或者失敗的感觸的時候，在嘗試中體驗戰勝困難或把事情做得更出色，從而讓孩子的自信心增強。

讓孩子揚長避短，發展自信，是每一個父母需盡的職責。

及時讚美孩子的成就

在實際生活當中，父母經常會在孩子並不需要幫助的時候，卻給予了非常多的呵護，可是當孩子真正需要讚美和鼓勵的時候，卻擔心孩子驕傲自滿而表現出冷淡。

前不久，堂姐的兒子王剛有些垂頭喪氣。

「媽媽，我今天在跑步比賽中拿了第一名。」王剛異常高興對媽媽說。

「班裡組織的？為什麼跑步啊？」媽媽表情非常冷淡。

「今天有體育課，老師進行了體育測試。我跑步拿了第一名，老師還說我非常有潛力呢。」王剛的臉上還是滿帶笑容。

「哦，知道了。作業做完沒？趕緊去做作業吧！」媽媽就好像覺得這件事情沒什麼值得高興的。

聽到媽媽這麼說，王剛有些失望，垂頭喪氣的躲進了自己的房間。他有些困惑，為什麼自己拿了個第一，可是媽媽沒有表現出高興來呢，更沒有誇獎他。

我們每一個人在獲得榮譽的時候都希望得到別人的讚賞，作為孩子也是這樣的，更希望有父母的鼓勵。孩子透過自己的努力，在學習上或者競賽上奪得好成績，這應該是讓父母值得高興的事情！其實在這個時候，更應該對孩子給予鼓勵和讚美。

事實證明，在恰當的時候讚美孩子，要比事情過後讚美孩子能夠更加的有效鼓勵孩子。

曾經有一所小學的校長做過一個實驗：他分別找到兩組學生，對其在期末考試的成績進行了評價，而這兩組學生的成績不相上下。

對於第一組孩子，校長在考試成績一出來就進行表揚：「你們這次成績非常好，你們都很聰明，繼續努力吧。」

而選定的第二組學生，校長在下學期開學才表揚，對他們說：「你們上學期的考試成績很好！」

就在這個學期以後，第一組學生因為當時就受到了表揚和鼓勵，學業成績自然比上一學期有明顯提高。孩子們覺得能夠受到校長的讚美是一件很鼓舞人心的事情，而且讚美是及時的，學習的動力非常強。

但是第二組學生的學業成績並沒有明顯提高。雖然校長對他們進行了表揚，但是因為時間的間隔比較長，因此，孩子們根本就沒有覺得這是一種表揚，他們自然沒有學習的積極性。

其實這個實驗說明，孩子是需要讚美和鼓勵的，並且家長需要掌握讚美的時機與方式。一般來說，當孩子在獲得榮譽或成績以後，家長應該及時作出讚美與鼓勵，也就是在這個時候，最能夠激發孩子的潛能與信心，孩子可以很快從讚美中獲得學習上進的動力。如果家長讚美孩子不及時，而是過一段時間再去讚美，那麼效果就會差很多。等到那個時候，孩子早就會因為沒有及時得到家長的鼓勵讚美而失望，對自己失去信心，即使父母如何補償也是無濟於事的。

在上面的案例當中，儘管王剛的媽媽沒有及時預料到應該及時的讚美孩子，但是，王剛爸爸卻意識到這一點。

就在王剛不能夠理解媽媽行為的時候，姐夫回來了。姐夫發現孩子一臉的不高興，於是就問他：「孩子怎麼了，有什麼不開心的事情嗎？」

「爸爸，我今天在跑步比賽中拿了第一名，就連老師都誇我有潛力，可是媽媽卻一點都不高興。」孩子非常委屈的對姐夫說。

「是嗎？你得了第一名啊，真厲害！你和爸爸好好說說，比賽是怎麼樣的？」爸爸高興問。

「體育老師把我們分了兩組，女生一組，男生一組。在男生組裡我跑得最快，他們都不如我，第二名離我好遠呢！」

「真是好樣的，兒子，一會吃飯一定要多吃一點，只有這樣你才能夠長得高身體更強壯，以後還要跑第一名，怎麼樣？」

「嗯，我以後還要拿第一名。」王剛高興跑到飯桌旁邊，乖乖等待吃飯了。

作為父母，在合適的時候給孩子合適的評價，並且告訴孩子父母為你的成績而感到驕傲，那麼這樣就會積極鼓勵孩子，能夠讓孩子更加的刻苦，並且取得更加優異的成績。

所以，當孩子在某方面做出成績的時候，父母一定要掌握恰當的機會，能夠及時發自內心的讚美孩子；同時也要讓孩子知道你的喜悅，能夠讓孩子明白自己表現好就會讓父母高興。可以說，這是一種簡單而且非常有效的方法，父母只要堅持去做，孩子就一定會有所成就。

在很多時候，孩子需要的不僅是父母的表揚鼓勵，而真正需要的是父母的重視關心。如果父母連孩子最基本的要求都達不到，不能夠在第一時間對孩子的成績做出表揚，那麼孩子就會感到失落，而這種失落就會挫傷孩子繼續上進的積極性。

例如：當看到孩子在做家事的時候，應該及時的鼓勵他：「你真能幹，家裡乾淨多了。」當看到孩子畫了一幅畫，應該及時讚美他：「畫得太好了，很有想像力。」相信你這樣及時的讚美，就會讓孩子變得更加的自信和快樂。

父母千萬不要把孩子的成長目標做得太長，要讓孩子在第一時間受到家長的讚美。孩子的耐性和意志力都有一定的限度，他們很有可能會因為長時間的等待而放棄。因此，應該在孩子成長中設立短期的成長目標，一旦孩子取得成績或實現目標，一定要及時讚美他。

及時讚美孩子的進步，這可以充分表現出家長對孩子的期望和關心，而這也能在精神上強有力的支撐孩子。這種力量不僅讓孩子充滿自信心，而且非常有利於孩子身心健康的發展，並且加強了孩子在學習和生活中的動力，從而激發孩子更加拚搏向上，讓孩子在健康快樂的環境中成長。

多給孩子積極的暗示，多往孩子的好處想

與成年人相比較，在孩子的情緒裡面也分消極情緒和積極情緒。積極的情緒可以有效的促進孩子身心健康的發展，有助於孩子內在潛能的發揮，消極的情緒則可能引起孩子在心理上的波動，甚至影響未來的成長。

當小貝克只有十二歲的時候，他就明白以積極的態度去生活了。

在新墨西哥州的高原地區，有一個家庭是靠種植蘋果致富的。這年的夏天，一場冰雹降臨在這些蘋果樹上面，令將要收穫果實的園主非常難過，心痛不已。園主不甘心自己一年的收成就這

樣毀掉了，他苦思冥想希望可以將這些蘋果推銷出去，而他的兒子小貝克也在一旁幫助父親想辦法，他寬慰自己的父親：「爸爸，可能這不是一件壞事情啊？或者我們可以想到更好的辦法，你一定要有信心。你放心，我會想到好的主意的」。說著，對父親笑了笑。爸爸看著這個小傢伙，被他的話逗樂了。

大約又過了一段的時間，這些蘋果的傷口已經差不多都癒合了，也都成熟了，但是表面留下很多「傷疤」，一個個像雕琢過的工藝品。園主心裡特別著急，他不知道該怎麼辦？可是貝克的一個小發現，卻讓他重新找到希望。

一天，小貝克在蘋果園裡玩樂，玩得有些餓了，便隨手摘下一個有「疤痕」的蘋果吃，意外的發現這些受到冰雹打傷的蘋果酸甜可口、口感極佳。於是，小貝克把這個消息告訴了爸爸。

這時，園主的心情馬上就好了起來，胸有成竹。他在發給客戶的訂單上寫道：今年的蘋果終於有了這個地區特有的標誌，冰雹打傷的痕跡。這些蘋果無論是外觀還是在口味上更能展現出高原風味，實屬難得的佳品。數量有限，欲購從速。人們紛紛前來購買和品嘗帶有高原風味的蘋果，蘋果很快就賣完了。

就這樣，孩子和父親發現了那些斑痕累累的蘋果的獨特價值，並把這種價值做成賣點，以高價銷售出去。這不能不說積極的心態可以給人帶來的巨大收穫。

擁有積極心態的人總是心中充滿自信的，他們會用切實的行動對你說：要有信心，信心是你做事情的動力來源，要相信你自己，世界上最要肯定的就是你自己，你的成功、健康、幸福、財富都依靠你自己看不見的一種財富，那就是心態積極。

在許多家庭中，雖然孩子的成績很優秀，已經達到讓別的同學非常羨慕的境地，可只是這些並不完全讓家長滿意。如果孩子的學業成績離父母的期望很遠，隨之而來的不是幫助孩子分析為什麼考不好，尋找解決問題的辦法，而是言辭激烈的批評、責罵、繁重的家庭作業，有的時候還會有家庭暴力。這些錯誤的做法不但對提高孩子的學業成績沒有好處，很多的時候還會給孩子造成較大的心理負擔，甚至會讓孩子產生厭學的心理。

一個女孩在班裡學業成績總是排在前面，成績已經非常優秀了，可是她看到自己的成績時卻有自殺的衝動。原因是她的媽媽對她抱有太大的期望，希望她是班裡的第一。可是她自己不管如何的刻苦卻總拿不了第一。這個目標達不到，她就覺得對不起媽媽的養育之恩。在這種愧疚的心理下，女孩每次考完試都想自殺。在她看來，媽媽對她特別好，可是自己始終沒能得第一，她覺得自己沒有面子見媽媽。

誠然，家長在學習上對孩子提出一些指導性的意見是非常有必要的，但如果對孩子給予太多的期望，則會適得其反，這時孩子就會覺得自己不管如何努力都不會達到父母的要求，無論自己多麼用功都會失敗，漸漸的就會對生活失去信心，從而對自己產生懷疑，進而認為學習是一件非常可怕痛苦的事情，厭學情緒自然也就隨之產生。有個孩子就乾脆自甘墮落，反正達不到要求，索性就不去做！

朋友大劉的孩子最近不安分，總是蹺課，當老師終於找到他的時候，他一個人蹲在路旁邊，十分恐懼，並且希望老師不要把他送回家。

原來大劉夫妻對他要求非常苛刻，要求他的成績每次都在九十五分以上，否則回家就會挨罵，有的時候還會被暴打一頓。

孩子的母親更是嚴厲，有的時候只要有一題做不對，甚至不讓孩子睡覺。這個孩子私下寫了一篇日記，文中寫他離開了家，殺退了媽媽的多次攔截，躲進一座城堡裡，關閉了城門，任憑媽媽在下面如何的大喊大叫，他自己在城堡偷偷的笑著。後來，媽媽扔上了一根繩子，爬上了城堡，當快要爬上來的時候，他拿出了一把剪刀，繩子一刀兩斷。

在這個孩子身上，對學習的反感已經到了一個極端，他由於被高分壓倒，身心感到非常疲憊，學習對他來說已經非常的痛苦，他厭惡學校與學習，更是對他的父母採取敵視的態度。

雖然父母總是非常在意孩子的成績，但對於自己的孩子不可以過於嚴苛。有的家長會說，其實我們認為自己的孩子已經很優秀了，但是又擔心他會懈怠，所以就用更高的要求去制約他。殊不知，孩子的心理是非常脆弱的，他們經過自己不懈的努力達到了父母的要求，就會變得對學習沒有興趣，甚至失去對生活的信心。作為父母，我們應該清楚，我們應該欣賞的應該是自己的孩子，而不是孩子附加的名次和分數。

鼓勵孩子戰勝失敗的勇氣

人在人生中經歷困難和挫折是必須的，每個人都會經歷不同的痛苦和波折。要想獲得成功，就要經常自己不斷的努力和奮鬥，克服許許多多的困難。

孩子的成長歷程也是如此，當他們希望去嘗試新鮮的事情的時候，很可能在前面等待的不是成功，而是失敗。這個時候，父母就應該不失時機的給予鼓勵，讓他們重新振奮精神，再試一次，或者兩次甚至不斷嘗試，直到成功。

科學家做過這麼一個有趣的實驗：

他們將一條梭魚和別的小魚養在一個水池當中，梭魚在餓了的時候，只要把嘴一張，就可以吃進很多的小魚。就這樣過了一段時間，科學家用一個玻璃製成的罩子阻隔梭魚。剛開始的時候，梭魚看到罩子外面的小魚就會衝過去，企圖吃那些小魚，但每次都會撞在玻璃罩上面，自然也吃不到魚。

於是時間一長，梭魚的衝撞次數也越來越少，到最後，牠不再去衝撞，對那些玻璃罩以外游來游去的小魚視而不見，放棄了吃小魚的打算。在這個時候，科學家取走了罩在上面的玻璃罩，然而此時，那條梭魚已經喪失鬥志，任憑那些小魚在牠身邊游動，牠都沒有吃魚的動作。最後，這條梭魚就這樣活活的餓死了。

也許看完這個故事，你會覺得這條梭魚實在是太傻了。其實不是這條魚傻，畢竟牠是捕食小魚的高手，在正常的環境下，牠可以獨立生存。然而，在經歷過無數次挫折的時候，梭魚就對自己的捕魚能力產生了懷疑，直到最後剩下失望和自我放棄。

孩子也是如此，在他人生的成長過程裡，失敗和挫折是難以避免的。如果當孩子經歷挫折以後，不去及時的寬慰和鼓勵他，反而去指責他，也就漸漸的失去了生活的信心，變得軟弱和退縮，最終造成失敗，但是如果家長可以在恰當的情況下給予鼓勵和信心，他就可以欣然的面對挫折，也會對摧折產生「抗體」和抵制挫折的意志力。

遠方親戚王曉東是個農村長大的孩子，他大學畢業後就留在都市裡工作。他各方面表現都很出色，但是有一點讓同學們吃驚，他居然不會騎自行車！

面對大家的驚訝，王曉東說了一個他小時候的故事：

那是在王曉東八、九歲的時候，他看到和他一起的朋友都開始騎自行車，於是他也想學。但是因為年紀太小，個子也小，總是沒辦法騎上去。為了能夠跨上自行車，他可吃了不少苦，連人和車摔了很多次，雖然如此，他的學習還是很認真。

不過在旁邊扶把的父親著急了，他看到王曉東總是跌倒，就有些火大，大聲訓斥王曉東是「笨蛋」、「沒出息」。罵得王曉東心裡發抖，到最後，王曉東在父親的責罵中不僅沒有進步，反而膽子越來越小，最後連車都不敢碰了。

王曉東最終還是不會騎自行車。這就變成了他的一塊心病，到現在，他都對騎自行車有恐懼。雖然後來他也想試著再學，但是因為心理障礙還是放棄了。

失敗的確會讓人灰心喪氣，但別人的冷嘲熱諷也會讓人難過，尤其是來自家長的責備。當孩子遇到挫折的時候，一句責罵就能讓孩子的心涼透了。如果總有這樣的情況，孩子自然就會疑心，自卑的心理也就越來越嚴重，最後就真的像父母說的那樣，成了什麼都學不好的笨孩子。

還有一些父母，認為孩子年紀太小，失敗和挫折是經受不住的，就總是放縱和包庇孩子，從不讓孩子吃任何苦頭，這樣的孩子就像是溫室裡的小花，變得太過脆弱，經不起風吹雨打，甚至還會產生嚴重的心理問題。

所以，做父母應該能讓孩子清楚，人的一生不可能事事順心，有順境的時候就有逆境，人們經歷了失敗以後才會成長。當孩子受挫情緒低落的時候，應當鼓勵孩子重新樹立自信，讓孩子逐步端正面對失敗的態度，產生戰勝失敗的勇氣，最終有信心去對抗困難，獲得成功。

過年的時候，兒子在電視上看到特別表演場面裡總有踩高蹺的，於是對高蹺產生了濃厚興趣，央求我能否給他買一副高蹺。

我從農村長大的，對高蹺也有很深的感情，心想讓孩子踩高蹺還可以鍛鍊孩子的膽量和意志，於是就給孩子買了一副高蹺。

我決定先讓孩子坐在椅子上，然後很認真把高蹺綁在孩子的腿上，說「行了，可以站起來了！」孩子早就有點抑制不住激動的心情，興奮想站起來，但是剛一起來，卻又坐了下來。

我就問他：「怎麼了？怎麼不站起來呢？」兒子對我說：「我怕摔倒。」我聽了後就鼓勵他，讓他鼓起勇氣往前走。

兒子聽了我的話，終於鼓起勇氣，慢慢站了起來，可是剛往前邁了一步，就「撲通」一聲摔倒了。這下，兒子剛才興奮神情頓時沒有了，浮露出臉上的是害怕。

我見到孩子害怕的樣子，就對孩子親切說：「摔跤很正常的。無論是誰學，剛開始學的時候都要摔跤，不摔跤你就學不會。來，不要害怕，我們再試一次！」孩子這時有些猶豫，我又說：「別擔心，爸爸小時候也常常摔倒，鼓起勇氣，一下子就好了，來，繼續吧！」

孩子雖然還是很害怕，但看到我期待的目光，還是默默點頭，就這樣，在我一次次的指導和鼓勵下，孩子學會了踩高蹺。他很高興也很自豪。

當孩子因為擔心或害怕而恐懼時，父母不要用憐憫的態度去對待孩子或是只能看著孩子搖頭歎氣，更不可以責罵孩子。應該鼓勵孩子，讓孩子清楚，失敗並不是很可怕的事，這次不行，下次還可以繼續，多試幾次，總會有成功的時候。宋祖德的爸爸就做得非常好，他既沒有因為擔心孩子受傷而放棄，也沒有責罵孩子，而是這樣去鼓勵孩子，引導孩子，一直到孩子成功。

挫敗感是一種普遍存在的現象，任何人的人生也不會是一帆風順的。當孩子遇到失敗或者挫折的時候，都會充滿悲傷和痛苦。這時父母就應該對孩子進行積極的引導，讓他們坦然面對挫折和失敗。

和孩子一起成長

有句話說：「父母的真正教育是與孩子同年」，雖然這句話不是哪位著名學者說的，卻告訴了我們一個道理：沒有人天生就可以做稱職的父母，教育孩子的方法要在孩子的成長中摸索。

在傳統家庭教育中，有一個非常普遍的現象：重智輕德。這些教育孩子的方法都比較片面。父母們一般都會想方設法的開發孩子的智商，購買大量提高智商的書籍和輔導教材，甚至送孩子去各種培訓班，把學校教育的應試教育延伸到家庭裡。

父母們看重孩子在班裡的排名和分數，對孩子的學習要求過於嚴格，給孩子造成很大的心理壓力，而對孩子在道德方面的教育很小。這種片面的家庭教育一般的結果都是：孩子智力發育良好，卻道德缺失、目空一切、缺乏責任感與自信心，從而沒有形成孩子健康的人格，這對孩子的成長非常有害。

讓孩子塑造自己的人格與品德，發揮他自己的個性、愛好與潛力，做一個可以為社會做貢獻的人，並享受著在教育中獲得的快樂，讓孩子有一個歡樂的童年與學校生活，才是教育的目的。父母與孩子共同成長，而且，沒有父母的成長，就不會有孩子的發展和成功。

老同學王萍的孩子膽子很小，這是在孩子兩歲的時候。當時，王萍對孩子大聲嚷嚷，只有兩歲的孩子說：「媽媽，你可不可以小聲一點？」王萍猛然醒悟，不良性格對孩子將來的性格影響很不好。後來孩子再任性的時候，王萍就開始反思是不是自己影響了孩子。於是她對自己說，「我必須加強自身的修養，成為孩子的楷模，任何事情都不能放鬆」。於是當孩子纏著王萍問問題時，她就改變了以前不耐煩的作風，而是耐心的跟他交談；當孩子隨處扔東西的時候，王萍也不僅要求他學會整理自己的玩具，而且還會讓孩子把自己的房間整理乾淨。

漸漸，孩子就不再任性了，也學會以理服人了，這讓王萍覺得很欣慰，同時也更注重孩子的素養教育。

父母都希望自己的孩子將來能成才，但是想要把自己的孩子變得優秀，自身也必須提高，至少應該在品德上提高上去。這樣就可以讓孩子有一個健康的環境去成長，這樣孩子才會有所發展。

這一點王萍就做得很好，她總是用自己的實際行動去做示範。在遇到事情的時候，不再著急找別人幫忙，而是獨立處理，她不想讓孩子看見媽媽因為完不成而去依賴別人；在工作上也非常勤奮，有時到了深夜還在工作，當孩子問他什麼時候休息的時候，她便告訴孩子說：「今天的事情就應該今天做完！」當孩子遇到困難做不下去的時候，她也總是用：「孩子，你可以的！」「堅持下去就會成功！」這樣的話來鼓勵孩子。

王萍還常常教育孩子要學會獨立、勇敢、有責任心，而孩子也經常說自己是一個男子漢。有一次，王萍不小心切破了手指，孩子勇敢的跑到媽媽身邊，並告訴旁人：「我要帶媽媽去擦藥。」現在，才五歲的孩子就可以自己買東西和整理房間了。

顯然，王萍非常明白，孩子為這個家庭做得越多，也會對這個家庭有更深的感情，而且這種做法也可以幫孩子培養獨立的性格和個性。

有一天，孩子對王萍說：「你說心裡有別人的孩子是一個好孩子，我想奶奶了，我是不是個好孩子？」王萍對孩子進行了表揚，並引導孩子給奶奶寫一封想念的信件，還將這封帶著她和兒子問候的信，給婆婆郵寄了過去。當孩子與別的孩子發生爭執的時候，王萍也總是教孩子寬容大度，她相信一個志向高遠的人，應該具有寬廣的胸懷和愛心。

有人說現在的獨生子女都非常的自私，那些其實都是家長嬌慣而形成的。而王萍從不在物質上對孩子嬌寵，並且注重孩子品德的培養，孩子在很小的時候就學會了獨立，學會替別人著想。這樣的孩子將來肯定會成功。

家庭教育一般都會在日常生活中有展現，而且總是出現在家庭生活之中。父母毫無掩飾的言談舉止，都會讓孩子進行模仿，並潛移默化的對孩子的性格形成造成影響。像堅強、自信、勇敢、獨立、有責任心這些除智力以外的因素，這些因素更能決定人的一生。

父母是孩子的一任老師，甚至可以說是孩子終生的老師，所以家長就應該達到帶頭示範作用。如果父母的行為都不好，又怎麼去要求孩子去完成呢？所以父母在對孩子進行教育時，應該提高自身的道德與素養修養，同時，要在不斷學習的基礎上，了解孩子心理發育的過程和品德的形成，與孩子在家庭之中處於平等位，並努力與孩子一起成長。

父母就應該給孩子達到表率作用。只有以自身的行動去影響孩子品德的形成，孩子才會有所作為。而對孩子的個性品質培養，也比那些書本上的知識更有實際意義。

簡單的讚美不如加點鼓勵

有時候，給孩子過於簡單的讚美就會讓孩子失去受到表揚的新鮮感，這樣就會失去讚美的作用，可能還會讓孩子有一種的錯誤觀念，就是「你不誇我不做」。這個時候就應該給孩子一些鼓勵的話語，這樣不但是對孩子的一種鼓勵，同時這樣做也是為孩子未來的努力奠定了方向。這種讚美加一些鼓勵的做法就可以達到非常好的作用，因為這樣注重對孩子的內在評論，可以留給孩子自我能力的發揮空間，也是對孩子努力付出的一種肯定，同時也可以讓孩子看到自己的價值，知道自己的貢獻。還有一點，借助外在的讚美，可以增加孩子的動力，比較容易培養孩子的良好習慣。

我兒子上小學三年級的時候，有一次數學測驗，他的成績是八十五分，這個成績屬於班裡的中等。回到家後，他把自己的成績告訴了媽媽。他做好了挨罵的準備，沒想到媽媽覺得這樣應該表揚孩子，就非常高興對孩子說：「不錯啊！好孩子，恭喜有好成績，今天晚上想吃什麼？媽媽做給你吃？」

這讓已經做好批評準備的孩子感到很納悶，但他只是一個孩子，很快就被好吃的所吸引，他咽著口水告訴媽媽：「我想吃紅燒肉！」晚餐的時候，餐桌上果然有他愛吃的紅燒肉，媽媽還對孩子說：「這是為你取的好成績而做的，以後取得好成績，媽媽就會給你做更多好吃的東西。多吃點！」孩子一看媽媽是發自內心的誇獎，於是他就大吃起來。一邊吃心中就想：原來考八十五分就能得到媽媽的滿意，這不是一件很簡單的事嗎？

從此以後，兒子不但沒有對數學加強學習，反而越來越放鬆了。在他看來，反正媽媽的要求很低，只要能拿到八十五分就行了。又何必去爭取高分呢？

可想而知，兒子的數學成績不但沒有進步，反而還退步了不少。

這下媽媽納悶了，我這樣表揚孩子，孩子的成績怎麼沒有進步呢？

其實，媽媽犯了這樣一個錯誤：只是對孩子進行了表揚，卻並沒有激勵這樣就導致孩子的成績沒有提高，忽視了自己的弱點。對於孩子取得好成績和進步，我們應該給予準確的誇獎和鼓勵，但是媽媽過於注重表揚，把一個不是很好的成績說成是優異，把本來已經準備接受批評的孩子捧上了天，而且沒有對孩子的不足之處進行激勵和教育。

這樣做肯定會讓孩子誤會家長的用意，認為自己這樣的成績就可以令家長滿意了，不需要再努力。而且會養成驕傲自滿的情緒，忽略自己的不足和缺點，更不要說振奮精神繼續努力了。

所以，父母在對孩子進行讚美時，最好再說一些建議與鼓勵的話，孩子感到高興的同時，意識到自己還要努力。這樣做，才可以讓孩子認識到自己的不足，從而繼續爭取更好的成績。

表弟的兒子林林今年上小學一年級了，他的第一次期末考試，數學考了八十七分語文考了八十八分，總分排名在全班前十，可以說這個成績已經非常不錯了。但是回家後，他馬上把這件事情告訴了爸爸。

爸爸聽了後說：「是嗎?全班三十多個學生，你第一次就拿了全班第十名，我兒子的成績很好啊！」

林林聽爸爸這麼說，心裡也很高興。雖然他不是第一名，但是這個第十名也是因為他付出的努力才得到的。爸爸見林林這麼高興，又說：「不過成績只能說明你過去一段時間的努力，如果你不努力的話，下次的考試可能就不知道你處在什麼樣的位置了！」

林林聽了以後知道自己應該更加努力，才能會自我提高。於是在第二次考試中，林林的成績就有所進步。數學八十八分語文八十九分，總分排在全班的第九名。

雖然進步不大，但爸爸看了林林的成績後，還是很高興對林林說：「不錯，你的成績很有進步，不要小看這兩分呀，這也是你努力得來的。」

爸爸的話給了林林非常大的鼓舞，在以後的考試過程中，林林的成績總是一點點的提高。儘管提高的空間有限，但是，到了小考，畢業的時候，林林已經是班裡的資優生了。

很顯然，我的表弟是個非常聰明的人。他不僅可以恰當的讚美林林，更重要的是，他懂得如何去激勵林林，讓林林在自己的讚美和激勵中一直向前進。

可見，要想讓孩子可以穩步的向前，只是對孩子的成績肯定和讚美是不可以的。父母更應該在成績以外的時間給予孩子鼓勵。對孩子成績的表揚，會讓該子變得非常高興，讓他覺得自己的努力沒有白費，至少父母是肯定自己的；對孩子進行提醒和鼓勵，則可以有效的增強孩子的信心和動力，讓他知道自己在什麼方面有不足，才能繼續進步。

當然，如果你的孩子成績已經很好了，而你卻總是對孩子說「書山有路勤為徑」，這樣就會讓孩子覺得永遠都沒有辦法完成自己的願望，對學習產生厭惡的情緒。這時候，不妨舒緩孩子的壓力，並告誡孩子保持應有的作風。

每個人都希望得到別人的認可與支持。更別說是孩子了。有分寸的讚美和鼓勵孩子，能讓孩子以正確的態度正視自己的不足，讓孩子的人生觀與價值觀更健康。

誇孩子聰明不如誇孩子勤奮

經過美國心理學家的研究發現，如果總是誇獎孩子聰明，可能就會有反面效果。為什麼會這樣呢？努力與聰明，是孩子取得良好成績的必要保證。如果我們總是把孩子的聰明掛在嘴邊，就會讓他形成一種錯覺，在某件事情上取得成功，孩子往往就自認為是聰明達到的作用；而某件事沒有做好，則認為自己的做法很笨，才導致事情的失敗。

總是把孩子聰明掛在嘴邊，有很多弊端，一是會讓孩子的感覺過於自我良好，讓他只看到成功，而對失敗沒有思想準備。一旦失敗，就很難承受的住，導致精神潰敗；二是這樣做不會讓孩子養成勤奮上進的美德，容易讓孩子覺得聰明是光榮的，而勤奮是笨人的觀念，導致他不去努力，只是為了讓別人誇獎自己聰明。

丁俊暉是一位的撞球達人，他的成功，不僅是因為他聰明，有天分，更來自於他的勤奮。他從來因為自己在撞球上有很高的悟性就終止努力，而是吃苦耐勞，不斷努力上進，才達到別人難以達到的水準。當然，這與父母的正確引導有很大關係。

丁俊暉有撞球的緣分，是他八歲的時候，當時，他還是小學一年級的學生。有一天放學後，他走過自家樓下的商店，看到那裡多了一張很奇怪的桌子，為什麼這樣好的桌子多出這樣幾個大洞，還有地毯鋪在上面，桌子上有很多的彩色球。而此時的丁俊暉由於頑皮，把它們當做玻璃球進行玩樂。

他把腳跟提起，抓到一個球，就像玩玻璃球一樣向外扔，讓它撞到其他的球，結果讓球把另外一個球撞到洞裡面。這也是丁俊暉的人生的第一次撞球機緣。

後來，丁俊暉對打撞球產生了濃厚的興趣，剛開始，父母都覺得孩子只是玩玩罷了，過段時間也就不玩了。然而過了很長時間，丁俊輝沒有厭煩，反而開始在撞球上開始沉迷，最後對撞球達到痴迷的程度。而他的父親也漸漸的發現了孩子在撞球上的天賦，就沒有阻止孩子，而是開始配合孩子打球。

當時丁俊暉的班導因為這件事情還與家長進行過一次交談，沒想到丁俊暉的父親的態度是很支持孩子打球。有了父親的支持，丁俊暉打球更有自信了，為了打敗世界冠軍的夢想，才十歲的丁俊暉就離開了學校，開始苦練自己的技術。

到了一九九八年，丁俊暉父子兩人當時的生活非常艱辛。那段時間是最艱苦的日子，但是他們從來都沒有說過放棄，父親還是不斷的鼓勵孩子，讓他努力練習，在過了幾年，孩子初一還沒讀完，就離開了學校，因為他需要更多的時間和精力參加比賽和訓練。

雖然當時家庭條件很艱苦，居住的環境也是非常差，但是父親總是告訴孩子應該勤奮，只有天分不能成功，還要透過努力勤奮才會成功。在那樣艱苦的環境下，因為父親的鼓勵，丁俊暉練習非常刻苦。

後來丁俊暉成為了撞球達人，然而在丁俊暉的父親看來，在撞球的領域，勤奮的功勞要大於聰明。當別人休息的時候，他卻堅持到現在，這就是撞球達人的勤奮成功之路。

聰明是一種先天的資質，如果父母不斷的誇獎孩子聰明，就會讓孩子總是覺得自我感覺良好，使孩子對自我的認識與實際產生偏差，並且只會預計自己成功，從不做失敗的準備，必然會遭到失敗最痛苦的打擊。而且孩子認定自己很聰明，就覺得努力並不重要，就會靠自己的聰明去應對所有的事情。

最重要的是父母應該肯定孩子的努力和勤奮。在對孩子獲得成功的時候，應讚美孩子努力，智力有的時候是先天因素，是孩子自身無法改變的。但是後天的努力和上進是可以進行補救。應該把孩子的成就歸於勤奮和努力，讓孩子意識到只有勤奮的聰明，才會獲得成功。

社區王大爺的孫子王凱不是聰明的孩子，甚至比其他的孩子還要笨一些，別人學半個小時就能學會的東西，王凱要學上一個小時。但是在學校，王凱卻總是能考出好成績。

有些父母就覺得奇怪了，為什麼不聰明的王凱可以取得好成績呢？原來是因為王凱的媽媽會經常鼓勵孩子，她常常對王凱說：「好成績都是努力的結果，其實別的孩子學習都不快，是在家裡勤奮的學習了，你要是像他們那樣努力也就會變聰明的。」

王凱對媽媽的話深信不疑，做很多事情都很努力。有的時候，對課堂上老師講的知識下課後就把不懂的地方向老師請教，讓老師再講一遍，作業錯了，就重新做一次。王凱的勤奮讓媽媽十分欣慰，也讓老師特別喜歡，還常常給王凱作指導，王凱的學習自然也越來越好，信心也越來越強。漸漸，也沒有人說王凱是個笨孩子了，大家都說王凱是個聰明勤奮的孩子。

有句名言是這樣說的：「所謂天才，是百分之一的聰明加百分之九十九的勤奮。」應該充分努力肯定孩子的成績，對他們的努力和付出給予支援和鼓勵。不要因為孩子不夠聰明，就灰心喪氣，應該為孩子的不勤奮、不努力而擔心。

如果只是一味誇獎孩子如何聰明，會讓孩子變得驕傲，並對自己的頭腦過於自信；而誇孩子努力，則會讓孩子知道「勤能補拙」的道理。這樣孩子的成長才會更健康。

作為父母，不應該對孩子的誇獎過於簡單，要在事實的基礎上肯定孩子的聰明，更肯定他成功的原因是來自於勤奮與努力。這樣才能讓孩子意識到，自己的成功是因為勤奮獲得的。

父母應該做的事

孩子進步了，就要表揚，這樣孩子的積極性就可以激發出來。

鼓勵孩子不懂就問，提倡大家相互學習。當有不會的問題的時候，自己查字典、翻閱資料。可以有效的孩子的提高學業成績，還會增加家庭中許多樂趣。

· **講積極的故事**

從前，有一群青蛙組織攀爬比賽，比賽的終點就是很高的鐵搭的頂端。

比賽開始了，森林來了很多的動物為牠們加油。

老實說，沒有人會相信這些青蛙會爬到頂端，牠們開始討論起來。這太難了！牠們肯定爬不到不塔頂！牠們不可能成功，塔太高了！

聽到這些，一隻接一隻的青蛙就喪失了信心還有幾隻青蛙在努力。動物們繼續喊著：這難了！沒有誰可以到頂端！

青蛙們紛紛退出了比賽。但有一隻青蛙沒有停止攀爬，一點沒有放棄的意思。

最後，其他所有的青蛙都退出了比賽，除了一隻，牠已經費了很大的力氣，終於在最後關頭爬上了塔頂。

一隻小白兔跑上前去問那隻勝利的青蛙：「什麼力量讓你爬完全程？」

牠說：「當有人讓你放棄自己的理想的時候，你要變成聾子，不要聽任何事情！一定要想自己可以辦到！永遠不要聽信那些悲觀主義者的話，因為他們的話只會損害你的自信心！」

．孩子，我要對你說

1　希望有很多，堅信事物一定會向好的方面發展，相信你已經走向了成功而不是陷入失敗，這種積極向上的生活態度會使你精神振奮，積極進取。

2　人活在世上會遇到很多的事情，什麼事情都有可能，或悲或喜，不管你遇到什麼樣的事，也不管你成功與否，只要把心態調整好，凡事多往好處想，你就會有收穫。

3　用自己的方式實現夢想，並相信你完全可以做到，相信你不會有遺憾，這樣一種思維方式就會有巨大的力量，從而改變你的生活，從此你的人生會因此而改變。

第七章　批評孩子也講求藝術

批評前先問清孩子犯錯原因

批評，指的是父母因為孩子的過錯而提出的建議，當孩子在語言、動作以及思想中產生錯誤時，從而進行教導改變孩子的行為；是對孩子一些不文明舉止習慣的一種制止行為，讓孩子心中有一種內心感覺，從而讓孩子改變自身行為習慣的一種手段。但是家長在批評孩子的過程中，不應該帶有個人的主觀情緒。在批評前，做好要清楚孩子犯錯的經過，問一問孩子原因時。有這樣一句話：「小偷也有三分理。」無論孩子做事情如何的荒唐，都應該有他自己的原因。在批評孩子之前向孩子詢問事情的原因是教育孩子的先決條件。當孩子闡述了自己犯錯的原因，不管多麼荒唐，父母都不應該以此來取笑孩子。當孩子受到家長批評的時候，下決心改正時，家長要有一個理解和寬容的態度，這樣才會在孩子心中有更重要的地位，讓孩子更加信賴家長。

「人非聖賢，孰能無過」，尤其正在發育期的孩子，更容易犯錯。作為家長，當孩子有錯的時候，首先應該讓自己的情緒穩定下來，不要立即批評。應該詳細問明原因，可能孩子內心當中確實有難言之隱。在人格上，孩子與家長之間的關係是平等的，孩子的心比較敏感而且脆弱，如果家長不問事情發生的前因後果就對孩子批評一通，就在基本上傷害孩子的自尊心。所以，批評孩子時一定要詳細詢問，把事情的結果問清楚。

在批評執之前應該詳細的詢問發生的原因，不能偏聽偏信，也不能將訛傳作為事實。在沒有證實、孩子沒有表示自己有錯的時候切忌批評，這樣只為讓孩子心中有一種委屈，也會讓家長的形象在孩子心中「打折」。有些家長看見孩子犯了錯誤，不弄清情況，就依照自己的脾氣秉性，批評時言辭激烈、喋喋不休，把批評當作一種對孩子表示不滿的方式。這樣的結果就是讓孩子長期積壓對家長的不滿情緒，對父母的感情減弱。有些家長一旦發現孩子有不好的表現，就會把孩子以前犯過的錯誤全部抖露出來，使孩子分清主次關係，從而降低這次批評的效果。長此以往，容易會讓孩子產生矛盾，也會讓孩子覺得自己沒有優點，自甘墮落，也不會把家長的批評放在心上。

家長只看現象不問原因，不調查，憑著自己主觀的想像去看孩子的問題。這種做法是不可取的。

我兒子又回來晚了，剛一進門，媽媽馬上就開始批評「你怎麼這麼不聽話！放了學，不回家寫作業就知道玩，就知道踢球，這樣你學業能好嗎？」就這樣批評，都沒容孩子說話。又過了幾天，老師到家裡家訪，告訴了媽媽，剛剛每次放學都會給一位生病請假的同學補課，今天還收到那位家長來的感謝信呢！這時，媽媽才知道原來是這樣，原來批評錯了。

自從兒子上了中學以後，我就對孩子的學習更加關注了。一次他拿回了一張考試卷，媽媽一看，分數是七十五分，於是就開始發火，就批評起來了，什麼「你就不努力吧！」「你是不是現在不學習了，有什麼事分心了，為什麼就考這點分？你上小學的時候經常考滿分，為什麼現在的成績這樣低？」其實媽媽沒有搞明白，他的七十五分是全班的第一名！老師出的題非常難，就是為了考驗學生靈活掌握知識的程度，這七十五分怎麼說孩子不刻苦呢？媽媽不了解小學課程與中學課程的區別，不了解這次考試分數低的真正原因，這種胡亂批評冤枉了孩子的做法，也損害了家長在孩子心目中的形象。

因此，批評孩子是講究方式方法的，也同時需要巧妙的技巧，講究方法的教育批評孩子可以有效提高效率。有時需要家長引導式的發問。比如：孩子在玩益智類的遊戲拼圖，由於總是拼不好圖，就生氣把拼圖摔在地上。父母撿起拼圖，問他：「你拼不好嗎？」孩子不說話，家長就應該把拼圖拿過來孩子一起拼，一邊說：「這樣，然後再這樣……」後來孩子就可以耐心的把拼圖弄完。父母再說：「以後你要有耐性？不許生氣，要知道……」這種做法就是在批評孩子的時候做到誘導孩子。讓孩子知道如何正確認識自己的錯誤，這比言辭激烈的譴責要好得多。也可以透過問詢的方式對孩子進行教育。當孩子犯錯的時候，就可以利用這些方法對孩子進行引導，可以達到促進孩子邏輯分析能力以想像力，有效讓孩子將事物看得更加透徹，讓他利用自己的思維方式樹立正確的人生觀。

孩子做出的每個行為都是有原因的。也許這些原因在大人眼裡微不足道甚至是有些可笑，但在孩子的心中可能是極為重要的事情，這些事情是由於孩子處在的年齡層造成的。不清楚孩子犯錯的原因就加以批評必然會引起孩子的反感甚至厭惡，基本上讓孩子有排斥感，讓家長很難實行自己的教育。

批評前，一定要把事情了解清楚，要根據事情有目的的批評孩子。不能脫離事情的起因而單方面批評孩子，明智的做法就是找到事情的根源在哪裡，並進行引導，這才是合格的父母應該做的事情。

批評教育要找準時機，要切中實地。批評孩子，一定要把實際情況摸清楚，對問題的起因、經過以及結果做出仔細的求證，這樣，批評就是根據事實，客觀辯證，才能讓犯了錯誤的孩子心服口服，自知理虧。在這種情況下，有目的性的講事實、擺清事情道理，耐心細心的分析問題，有效讓孩子認清是非曲直，認識錯誤，這樣才能讓孩子從內心中意識到自己的錯誤。相反，如果父母一旦看見孩子犯錯，就開始嚴厲批評，不問清事情發展的原因，自然就不會取得良好的效果。例如：當兩個孩子都犯了錯誤的時候，由於其中一個孩子總是給人聽話的感覺，另一個正好相反，如果不管事情的真實原因，就狠狠把經常犯錯的孩子批評一頓，主觀的認為錯誤的原因是有壞孩子引起的，但事實上這個錯誤的真實原因是在經常表現好的孩子身上，如果讓表現不好孩子承擔責任，你覺得壞孩子心裡會服氣嗎？

比如現在很多初中生有很大的網路成癮，經常蹺課上網，這種行為明顯是非常錯誤的。但是做家長沒的往往有找到孩子這樣做的真實原因，而直接去就糾正孩子所犯的錯誤。家長應該處在與孩子平等的位置上傾聽孩子內心當中的話，就可以知道孩子犯錯的真實原因。「哦！原來是因為對學習缺乏自信心，覺得別的同學上網，自己不上網就是趕不上潮流，覺著只有跟隨大家一起上網才能找到共同語言。還有就是在家中缺少對孩子的關愛，心靈空虛，在虛擬世界中逃避現實生活。遇到這種孩子就應該對孩子講：「人們緩解自己煩悶的情緒的方式有很多種，總是沉迷於網咖不是最好的辦法。」對孩子講清楚上網的利害關係，總比強制孩子戒掉網路成癮要好得多，因為你理解了孩子，孩子也會明白你的苦心。

批評就應該時刻注意批評孩子的過程。常常是孩子做事卻事與願違，例如：孩子在學校聽老師說要提高自己的自理能力，回家後幫媽媽洗碗打掃廚房，可是卻把碗打破了，這時父母不明白孩子的用意就把孩子訓斥一頓，那麼孩子就不可能再有主動的心理去做家事。此時，父母應該把自己的心靜下來，了解孩子這樣做的真實用意，知道孩子的目的之後就應該對孩子的行為表示贊同，再教會孩子怎樣正確的做家事。這樣才能讓孩子漸漸培養勇於探索的精神，讓孩子更有信心嘗試更多的新東西。

父母發現孩子出現問題的時候，應該保持一顆平常心，不能太急。靜下心來比什麼事情都還重要，說不定孩子的未來的開端就在這裡。

因而，父母要對孩子犯的錯誤進行寬容，不要總是向孩子發火，反應太大，或者是大吵大嚷唯恐大家不知道，結果就會在心靈上傷害到孩子，讓孩子的心上留下一層陰影，在基本上不利於孩子的健康成長。

因此，在批評孩子以前，應該給孩子一個解釋的機會。

發脾氣的時候不要批評孩子

批評是教育孩子的一種手段，也是一種非常微妙的教育藝術，巧妙的批評方法會產生意想不到的效果。作為家長，在批評孩子的時候也應該有愛心，講究用巧妙的方法進行批評，達到讓孩子有所收益的效果。家長正在生氣的時候批評孩子難免就會大發雷霆、狂風暴雨，這是一種非常不理智的教育行為。此時，父母應該做的就是靜下心來，緩一緩，等情緒穩定一些，再用合適的方式教育、批評孩子。

在實際的生活中，每個孩子都是有缺點和優點的，有在哪一方面的優勢也有在哪一方面缺憾。如果父母只看見孩子的缺點和短處，就讓孩子身上的缺點越來越多；如果父母總是從正面、積極的一面評價孩子，學會讚賞和鼓勵，就會讓孩子找到自身存在的價值，從而對自己充滿信心，取長補短，透過努力達到願望的目標。懲罰或者嚴厲的批評就像是「特效藥」，或許它可以馬上產生效果，但如果不會恰當的運用，可能就會造成很難彌補的傷害。家長必須牢記：懲罰與批評孩子不是最終的目的。懲罰與批評的最終目的是讓孩子明白應該對自己犯的錯誤負責任。所以，在生氣的時候盡量不要批評孩子，更不能體罰孩子；批評孩子要符合事實；不要在公開的場合或別人面前對孩子進行批評；批評孩子的程度要與孩子所犯的錯誤相適宜。

以下這幾點是給家長的一些建議：

・**家長情緒非常激動的時候最好不要對孩子進行批評**

有時，孩子犯的錯誤會使家長火冒三丈，家長在這個時候最好緩和一下自己的心情。因為家長生氣的時候過於衝動，言辭比較激烈，很難做到靜下心來整理思緒的對孩子講話，很容易讓雙方造成衝突。孩子如果脾氣比較倔強，不但接受不了意見，還可能會選擇離家出走，最後讓事情越來越難以控制。

・**情緒比較低落的時候不要批評孩子**

社會工作壓力大，家長的心情也極容易受到波動。心情難免有憂鬱的時候，此時批評孩子就會出現偏差，過於偏激，讓自己的境地越來越困難。因此，家長在情緒不穩定的情況下不要接近孩子。

孩子犯了錯，特別是錯誤比較嚴重而且是屢屢犯錯的時候，做家長的心裡難免就會有波動，情緒不會很穩定，很可能在衝動的情況下給孩子造成損傷，或者是做出錯誤的舉動，這都會給孩子和自己產生不好的影響，有的人因此造成無法彌補的錯誤。因此，不管孩子的錯誤有多嚴重，在批評孩子之前，父母必須應該讓自己有一個穩定的情緒。只有冷靜，才會對孩子犯的錯誤進行客觀合理的評價，才有利於教育孩子引導孩子，才能說明孩子找到改正錯誤的方法。

・家長的頭腦一定要清醒

有的時候孩子根本就不知道自己的錯誤行為，這時去批評他們不會有任何作用，只會讓父母覺得孩子有錯不改。而有的時候，孩子所犯的錯誤，的確會讓家長非常氣憤，恨不得狠狠教訓一頓。但是，人在氣頭上，就很難正確的看待事情，正確的批評孩子。這種批評就會讓孩子心裡有一種傷痛。這種時候，父母應該把這個事情緩一緩，盡量靜下心來。生活中這種事情經常發生：一邊是孩子的哭鬧淚水，一邊是大聲指責批評的家長。人在激動的時候，聲調都比較高，節奏也很快，精神也很緊張，面紅耳赤，情緒失控，這樣只能是火上澆油。所以，遇到孩子對批評不認同時候，父母應該盡量讓心態平和下來，同時降低聲調，這樣不僅讓雙方情緒緩和一下，也容易使自己變得理智。

當我們對孩子進行批評的時候，要靜下心來，以誠相待，不但要告訴孩子在哪些方面做得不對，更應該與孩子講道理、擺事實，並告訴孩子解決問題的方法。千萬不要讓失控的情緒控制大腦。做事情要講究定力，嘴上說話滔滔不絕，心裡卻是風平浪靜。輕鬆的駕馭自己的大腦，成功的家長更是如此。

批評孩子的時候最好雙方情緒都很穩定，不要把時間安排在雙方都是壞脾氣的情況下。當孩子的脾氣很糟糕的時候，對於父母的批評教導，即使言辭非常懇切，他也聽不進去。在這裡，家長應該注意的是，在餐桌上最好別去批評孩子，在飯桌上教訓孩子就會讓孩子產生厭食的情節，而且也不會有好的教育效果。

在我們非常生氣的時候，我們的舉動經常是不受大腦控制的。對孩子說的話或者是做出的舉動，如果我們要拿這些放在外人身上可能我們就會考慮一下，但是對於自己的孩子，可能想法就是不經過大腦的衝動行為。我們會向對孩子進行辱罵、指責甚至毆打，在盛怒之下，就會造成自己的情緒失控，對孩子發洩完脾氣之後就會有自責、愧疚的心態，對孩子也是一種無限的傷痛。內心裡總是覺得自己對不住孩子，卻不知道如何對孩子講，很自責，甚至認為自己的行為太過愚蠢。而這種自責對孩子不會達到任何作用，反而會讓孩子覺得事情越來越糟糕。

本來教育孩子是一件很正常的事情，卻讓自己的心情變得非常的壓抑，整個人的狀態馬上陷入低谷之中。在低落的情緒中，更容易做出偏激的行為，於是就這樣開始惡性的循環，我們開始慢慢對孩子減少慈愛之心，也沒有意識到自己的自責是因為對孩子偏激的教育而引起的。如果父母陷入這種循環的話，事實上對孩子最大傷害不是孩子被父母的打幾下，而是孩子在父母情緒低落的時候有一種無形的壓力和不安。幼小的孩子在情緒上受父母的影響非常大，父母不愉快，子女就會漸漸被這種情緒所感染。

換個角度說，假如孩子正因為某件事情而生氣，家長應該允許孩子對脾氣進行釋放。父母應該學會耐心等待，安靜等待孩子，安靜望著孩子，盡量不要插話，而是專心聽孩子的訴說，不要做其他無關緊要的事，停下手邊的工作，這就表達出一個意思：我們正在仔細的聽講，我們在認真聽，我們非常注意你說的話和感受到的東西。

盡量對情緒有所控制，是批評和教育孩子的首要條件。不要因為情緒的影響，思想偏差，做出錯誤的判斷，而把矛頭指向孩子，小題大作，放大問題，傷害孩子。本來孩子犯了錯，心裡已經很痛苦了，在反省中總結教訓；結果家長的情緒不穩定，出現訓斥、指責甚至打罵孩子的現象，使孩子感覺到：我是有錯，但是你打了我，罵我了，我們沒有帳可算了，我們扯平了！這樣心裡就沒有愧疚的情緒，也不再仔細考慮自己的問題。於是也就慢慢的放任自流、沒有仔細的意識到自己的問題。

另外，家長應該加強自我調節能力、批評孩子以前應該做深呼吸，從一數到十或一百等方法，讓自己從憤怒的心情中緩解出來。

父母不以個人好惡批評孩子

隨著現代社會的飛速發展，家長的工作越來越忙，工作的壓力也越來越大。這些事情同樣應該受到理解，也難免對孩子的錯誤行為有埋怨和批評。但是，很多時候我們確實不知道，隨意的對孩子進行批評會有什麼樣的後果。有位教育專家曾經說過一句很精闢且令人深思的話：「讚美和欣賞讓你的孩子學會寬容與和諧。」那麼與之相反，對孩子的職責和批評給孩子帶來的是挑剔和嫉妒。當我們對孩子各式各樣的毛病進行指責的時候，家長是否也應該想一想，自己是不是有不可推卸的責任。

家長總是根據自己的喜好對孩子隨意進行批評，同樣的行為有時候父母會去作出批評，有時候卻置之不理。這就讓孩子在大腦中一種想法，做錯事不是很重要的，要是家長心情不好的時候做什麼事情都會受到批評，做什麼事情家長都會數落。家長的這種做法，就會讓孩子產生困惑，或者是做事情要看家長的臉色。批評不僅不會讓孩子得到教育，反而也會讓孩子造成意識上的偏差。

有很多父母經常給孩子下否定結論或是隨意批評，有的對孩子進行橫向比較，用別的孩子的優點與自己孩子的缺點進行比較，讓孩子覺得自己總是不如別人的感覺，嚴重影響孩子積極自信的心態和形象的促成。

事實上在我們的生活當中，隨意的批評斥責孩子的現象非常普遍。不是父母故意這樣去做，而是因為這些家長沒有很好的辦法讓孩子認知自己的錯誤，有些人甚至覺得自己這樣斥責孩子是對孩子出於關心。當孩子漸漸開始隨意的指責、斥責朋友，甚至父母、親人的時候就應該知道，要想孩子改掉身上的壞習慣很難。我們應該做的是，趁孩子年紀比較小，不要對其隨意指責、斥責或者埋怨。恰當的批評是不可少的，不對小樹進行清理是很難成才的，而對樹進行違反常理的修改就是一種傷害。做父母的要對孩子生活的各方各面進行修改，自然耐心是有限度的，這是正常的，但是不要把自己不滿的情緒發洩在孩子的身上。有些人在事情還沒發生之前就會有很好的預想，比如如何正確的對待孩子，當他們自己沒有孩子的時候，少年時、戀愛中看到有的父母打罵孩子就會有一種想抵制的想法，或許在內心中非常反對這些父母的做法，但是等到自己有孩子很長時間的情況下，可能也會做出自己以前很鄙視的行為，這就形成了一個惡性循環，這是因為人的惰性而引起的。工作越來越多、感覺生活越來越平淡，就開始失去耐心，照樣對孩子進行指責斥責。

批評，是對待孩子犯錯以後的一種教育方式。批評孩子，是當孩子犯錯以後的一種教育方法。隨意批評孩子，是對孩子犯錯非常隨意的教育方法。

批評，具有將問題拿出、進行引導、教育改正的作用，但是批評不恰當也是會有副作用的，就是讓孩子喪失了自信心。很多家長只看到、只有對孩子積極正確的一面進行利用，不注意、不去理會孩子消極的一面。這種做法既不妥當也很有危害。

正是出於對這一點的考慮，所以批評孩子必須講究方法，決不能輕易對孩子進行批評，這是一種非常有效的正確積極的引導，盡量減少對孩子積極正確的一面進行打擊。

如果總是隨意的批評，就會讓批評的副作用越來越大，使積極的作用越來越少，甚至看不到批評積極引導的一面。這就是對孩子進行隨意批評的後果。

大人的自我認知能力和糾錯能力非常強，而孩子在很多情況下都會按照大人的要求來要求自己。隨意批評就會引起一種心理暗示和導向作用，往往就會對孩子的自信心隨意打擊，甚至讓孩子徹底失去自信心。

這樣的結果難道對孩子的成長不是一件很可怕的事情嗎?簡直是對孩子是一種極大的傷害。

所以我們可以往嚴重上講，那些對孩子隨意批評的家長，其實就在自己沒有意識中漸漸讓孩子越來越平庸。

希望家長可以盡量採用科學的批評方法，最大程度的發揮批評的正面作用，盡力讓批評的副作用變小甚至沒有。

對孩子進行教育，雖說批評是應該慎重的，但是一般家長在這方面非常欠缺。他們覺得只有嚴格要求孩子才能讓孩子成才。

有個心理學家做過這樣一個測試。他把孩子們做出了分組，一組是只要犯錯，就採用很嚴厲的方式進行批評，另一組則採用另一種教育模式，轉移重心，從另外一面鼓勵孩子並指出孩子的錯誤。我們不難想像結果，那組經常受到鼓勵的孩子非常活躍，做事情自信心很強而且有創意，而那組總是受到批評的孩子做事情缺乏自信心而且膽子小。因為批評就會給孩子在心理上形成一種壓力，所以請家長最好少批評孩子，即使孩子做得不對，家長也應該想辦法從側面對孩子進行引導，讓孩子自覺意識到錯誤。

在家庭生活中，也是這樣的道理。請不要對孩子隨意批評，隨意的埋怨。很多人會這樣，當自己的工作出現失誤的時候，或者是受到主管的埋怨的時候，心裡就會有一種怒氣，他幾乎還沒有到家，就想著如何到家裡與家人埋怨這件事情。

不知道自己的孩子的性格，不考慮孩子的承受能力，就對孩子進行隨意的批評和懲罰，這種做法非常錯誤，應當讓家長和社會進行反思。不是埋怨和出氣，而是透過正確的教育方式，讓孩子有正確認識事物的能力。

對孩子進行隨意貶低和挖苦，教訓孩子的時候一併也將孩子的人格否定了，這是家長經常犯的錯誤，也最容易讓孩子產生反向心理。在大庭廣眾之下對孩子進行批評，孩子會覺得自己一點尊嚴都沒有了，讓自己在這麼多人面前出醜，心中就會有所怨恨而流露在表面。不依據事實批評孩子，孩子就會覺得家長對自己心存偏見，明明只有一件事情做錯了而在家長眼中就像是從來沒做對過一樣，如此這樣孩子就會認為自己什麼也不是，心裡的苦楚自然也要發洩出來。隨意貶低挖苦孩子和對孩子的人格進行批判，都會讓孩子的自尊心受到極大的傷害，為了保護自己，孩子自然不會輕易認錯，從而讓家長與孩子對立起來。

世上的父母沒有不愛自己孩子的。所有的父母，在心裡肯定不希望自己的孩子與自己對立起來，一旦明白這一點，一定會改變方法、備加注意。不負責任的批評孩子，只會破壞親子關係，讓孩子喪失自信心。

所以，要想讓孩子不與家長對抗，家長不應該隨意批評，批評孩子以前最好把事情搞清楚；批評孩子時也要注意場合，不要當大家的面或者是在孩子的同學和朋友面前批評；批評孩子也要講求方法，不要把孩子說成毫無作用，更不要對孩子的人格進行貶低；批評孩子的時候要照顧到孩子的情緒，要在孩子心情不錯的時候進行，不要在孩子心情比較紊亂的時候進行批評。最後有一點很重要，好孩子都是家長誇獎出來的，對孩子就要多表揚少責怪，要經常想想孩子在哪方面有長處，關注孩子的進步和提高，找尋孩子身上的特質，經常對孩子進行鼓勵，犯錯以後更容易採納家長的批評意見。

不能只注意孩子的錯誤

當我們因為孩子的錯誤急於讓孩子認錯的時候，會直接針對孩子的錯事進行批評。然而，孩子並不是從小到大一直在做錯事，必定還有很多值得我們可以表揚的地方。如果我們只是因為眼前的錯誤對孩子進行指責，而不去考慮孩子的優點，就很容易在孩子的心裡有一種感覺，就是父母從來不認為自己有優點，似乎父母對自己並不了解，只看到自己出錯的地方，這樣他就會懷疑自己表現不錯的時候，自己做出努力的時候，父母到底是否放在心上。孩子努力的做好一件事一般都希望得到父母的誇獎。同樣道理，在家長對孩子進行批評的時候，也應該對孩子好的一面進行肯定，然後再指出孩子在哪方面有錯誤，要讓孩子知道父母並不是只看到自己的缺點，表現出色的方面同樣也看得見，因此，家長不應該只看到孩子的錯誤。

應該教會孩子對他人理解尊重

父母應該多從生活中的一些細微的事情去關心孩子，與孩子經常交流，關心孩子的心理成長。學會發現孩子身上的長處，讓孩子自己變的自尊自信。當孩子有錯誤的時候，不要總是一味指責的態度，否則就會打擊孩子的自尊心與自信心，應該以引導的方式教育孩子，讓孩子得到教訓。在對孩子進行教育批評的時候，要掌握一些良好的方法和恰當的語言，不要用「小祖宗，求求你了」等言語改變孩子的做法，也不要用「你沒用」、「你太笨」等語言來諷刺、挖苦自己的孩子，而是要做到孩子可以耐心接受，有理有度，這樣才能讓孩子有意識的改變自身的毛病。

一般說來，孩子的自信心都是非常弱的，那些自信心不強的孩子一般他們的父母家教環境都是這樣的。這些家長總是過多的對孩子進行挑剔和苛責，孩子沒有聽見過家長的讚賞和鼓勵，時間一長，孩子的膽子越來越小，因為擔心受到別人的嘲笑而否定自己的創造力，不願動腦筋想問題。

做父母應該對孩子好的一面進行肯定，然後再指出其中的不足。要說明孩子找到錯誤為什麼會產生，並找到解決問題的方法，鼓勵孩子自信心，大膽進取，不能擔心犯錯。要以事實為基礎分析和看待問題，用一顆寬容的態度來面對孩子本身的不足之處，而且孩子的毛病可能是大人遺傳的。只有讓孩子變得更加樂觀自信，才能讓孩子有正確的心態看待自己的缺點，才能積極進取不斷向上，將來才能讓孩子變得越來越有用。

有的父母總是希望自己的孩子是最棒的，什麼都應該比別的孩子強，對孩子表現出來的優勢就像是沒看到，對孩子的缺點總是不放手。比如：當問孩子問題的時候，對孩子回答很好的一部分不去理會，而對回答錯誤總是看得很重，往往對孩子進行苛責辱罵。

家長還有一個錯誤做法是，在與孩子有矛盾的時候，只看到孩子做錯事情的嚴重性和問題的過程，而忘記了孩子只是一個孩子。他所有的錯誤和做錯的事情，也許可能是方法不正確。因為一個小孩子，腦子裡的觀念是很少的，他生活裡的日常知識，都是從家長那裡得來的。他甚至不知道生病了就必須吃藥，不知道鍋裡的開水很燙。

孩子在犯錯的過程中不斷成長，家長批評孩子的目的，就是說明孩子總結生活中的經驗，提高孩子認知事物的能力，約束不良的行為，促使在以後生活中盡量少犯錯或者不犯錯。所以父母在對孩子進行批評的時候，不能用「又錯了！你怎麼這麼笨！」「我說過多少次了，你沒腦子！」「你就不知道什麼叫聽話！總是犯錯！」等訓斥、埋怨和責怪的言辭。態度可以是嚴肅的，但語氣要和緩一些。如多用「說說看，怎麼變成這樣的。」「你知不知道，這樣做很不對啊？下次不能這樣了！」「你這樣做不對，我們很不贊成你這樣去做！」「你是一個乖孩子，爸爸覺得你會變好的！」另外批評孩子時不要沒完沒了，嘮嘮叨叨，這樣會讓孩子非常的反感。

家長總是把錯誤的嚴重性擴大化，目的是讓孩子引起注意，糾正孩子經常草率、大意的毛病，而事實上卻不是這樣的，這樣做的不僅不能讓孩子改掉粗心、草率的毛病，而且還會加深孩子內心的恐懼感和內疚心理，進而對自己失去自信心，失去消極心態。

對孩子的真實行為表示接納，而不是去限定孩子的要求。學習只是對事而不是對人的學習態度，讓孩子知道自己的表現雖然不會很好，但仍然也是一種很好的嘗試，是受到尊重的。不要總是強調孩子的毛病，任何人都不喜歡讓別人揭自己的短處。注重孩子良好的一面，指出孩子表現好的一方面，強化孩子的自信心，孩子就會有嘗試的勇氣。比如說，有兩個孩子在客廳追逐打鬧，父母可以用平和的語氣讓孩子應該好好玩，或者是各玩各的，一來表示對孩子遊戲的認可，但對吵鬧的行為表示不認同，二來也表示了應該尊重父母，並且讓家裡有秩序的進行生活。

童年是一個非常好的時期，在童年裡孩子可以培養做事能力，獲取知識，養成良好習慣。但是這是一個循環漸進的過程，同時也是孩子探索嘗試並改進錯誤的一個過程。要讓孩子有自信心，作為父母就應該正確面對孩子犯的錯誤，應該意識到孩子犯錯是一件很平常的事，不犯錯那才不正常呢。一個優秀的人就是在不斷成長中探索和挖掘並且與錯誤做鬥爭的一個過程，何況只是一個小孩子！

只談眼前，不能提及過往

當孩子犯錯的時候，父母對孩子進行批評教育，但是孩子為什麼總是不覺得自己有錯呢？其實有時候很多原因都在家長身上，在批評孩子的時候應該做到以下幾個方面，孩子通常就很容易接受父母的批評了。

・只針對眼前，不提過去

做錯的事情家長批評以後就不應該再提，家長不要總是提起以前做的錯事，對孩子應該諒解。總是舊事重提，這樣就會對孩子的心靈造成很大的傷害，孩子肯定就會反感。真正可以明白如何批評孩子的家長，主要的作用是在於讓孩子不斷提高自己，糾正孩子的缺點，而不應該總是拿孩子缺點說事。

・批評應該著重目的，過程應該淡化

批評，是教育孩子的一種手段。因此，家長須明白，批評孩子就應該讓孩子從根本上認識到自己的錯誤，並付諸改變的行動，端正認知態度。然而，大部分父母在明白知道教育孩子的目的以後，在孩子犯錯時，還是沒有辦法克制自己的怒火，嚴厲的對孩子進行批評，為了讓孩子更進一步的知道自己在哪方面是有錯誤和缺點的，父母就開始把過往孩子犯的錯誤也數落一通，雖然父母的真正目的是讓孩子知道自己的錯誤，但也是因為這樣，會讓已經想改過自新的孩子覺得自己表現如何也無法改變自己在父母眼裡的印象，因而就會抵觸父母的批評建議。所以父母應該清楚，批評的最終目的是為了讓孩子改掉錯誤，點到為止，讓孩子知道自己做的不對，有悔改的心

思就可以了。

喜歡把孩子的過往錯誤數落一頓的家長，在孩子犯錯之後，不是有針對性的對孩子進行批評，而是把孩子以往的過錯統統數落一遍，沒完沒了，嘮叨不休。這種批評方式對孩子的個性發展是非常有害的，不但讓孩子產生對立和厭煩情緒，而且會有一種家長總是和自己作對的想法，總是來回數落，讓孩子有自卑情緒、對生活失去信心等障礙心理的產生。家長在批評孩子犯錯的時候，應該就事論事，如果能將批評與表揚相結合的方式來教育孩子，則會讓孩子更樂意接受家長的批評。

・批評要適度

對於家長的批評，孩子最怕嘮嘮叨叨、說個沒完，把孩子這些年犯的錯誤全部重複一遍。昨天已經改過了今天還在重複，使孩子總是受到訓教的態度，不知道什麼時候才能結束對自己的批評。最有效的批評應該是簡明扼要，點到為止，對於這種類型的批評，孩子總是會銘記在心中。

批評也是有負面作用的教育方法，父母在批評孩子的時候如果不講究方法、步驟，結果只能是家長心裡痛快了，而孩子又生了一肚子氣，達不到應有的教育效果。實際生活中，家長在批評孩子時候有很多通病：語言重複、態度生硬、嚴厲，結果讓孩子越來越倔強，不服從家長的管教，開始與家長唱反調。

讓家長也是疲憊不堪，卻沒有成效，甚至出現反作用。

其實，批評不應太過嚴肅，不需要話裡帶著譏諷，更不能以洩憤為目的對孩子出言譏諷、翻舊帳。批評的原本目的是讓孩子認識到問題，改變自身的缺點，養成好習慣。基於此，父母應該採用靈活巧妙的批評方式。

可能最讓家長沒有辦法忍受的就是孩子總是在一件事情犯相同的錯誤，明明已經告訴了很多遍，批評了很多次但是孩子似乎根本就沒有放在心上。這個時候家長應該仔細思考一下是否自己的教育方式存在問題，是不是應該採用其他的方式或者增加孩子的自覺性。如果總是不停的批評在一件事情上所犯的錯誤，孩子就會厭煩，而且也會讓孩子越來越不在乎這種錯誤，不論你如何去教育，他也不會掛在心上。除此之外，最讓孩子反感的是總在一個問題時說起孩子犯的另外一個錯誤。這樣你的批評目的就會產生偏差，不僅不能讓孩子對這件事情做到充分認識，還會讓孩子孩子越來越不重視家長的批評。

兒子因為有一道題沒有做好，爸爸就順口說了一句兒子太傻，還把孩子以前犯的錯誤又數落了一遍。這樣會讓孩子很反感，覺得只要自己一出錯，就沒有辦法擺脫家長的數落，既然沒有辦法擺脫，為什麼去改呢。以前的錯誤，隨著時間的變化已經過去了，父母不能念念不忘，只要孩子一有錯就開始把所有的錯誤抖落出來，這樣只會讓孩子覺得在父母的眼裡自己就是一個壞孩子。孩子正處於學習和成長的過程中，父母需要對孩子犯的錯誤表示原諒，不要只看以前，這樣做只會讓批評的效果變差。

批評孩子的時候要對愛有保留

在實際生活當中，孩子的耳邊不可能總是聽到讚美表揚的話，批評、指責的話也會經常縈繞耳邊，因為在孩子的成長的路程中，不可能不犯錯，也不可能總是把事情做得完美無缺。

姐姐的女兒小蘭非常喜歡舞蹈，因為腳扭傷了，小蘭耽誤了一天的課，舞蹈班教了不少的新動作，孩子覺得學起來有些吃力，在練習的時候被老師批評了，小蘭回到家裡就有些鬱悶，晚上當媽媽讓孩子上床睡覺的時候，孩子竟然非常激動的說想要再練一會舞蹈，原因是因為在班裡她的表現是最差的，媽媽知道是因為腳傷造成的，動作不夠熟練，孩子肯定被老師批評了，但是孩子居然以為自己是最差的，媽媽覺得這是非常缺乏自信的表現，因為老師或者同學的一句話讓孩子失去了自信。媽媽意識到應該用正確的方式對孩子進行開導，媽媽告訴孩子：「老師希望班裡可以步調一致，但孩子之間是不同的，暫時的落後也不能說明你是最差的，你在班裡動作是最到位的，這說明你很優秀！你因為腳受傷才沒有別人表現出色，只要你努力練習，你就會成功的！成功永遠都是最勤奮的人！另外，老師對你抱著很大的期望，所以才會對你進行批評，批評的目的是為了找到你們自身的差距，表現得更好，如果老師不給你指出你的錯誤，光一味表揚你，你就認為自己沒有錯，將錯誤繼續下去，如果你到台上表演，按照錯誤的動作去表演，那時候觀眾會看見你的錯誤，你也會影響整體的演出效果，你希望老師可以批評指出你的不足，及時改正呢？還是希望老師一直表揚你，不對你的錯誤進行指正，讓你繼續錯下去呢？」小蘭想了一會，終於想通了，開心的笑了起來。

在對待孩子教育孩子的問題上，家長們可能就會出現兩個極端，要麼包山包海寵愛過頭，要麼就是嚴厲批評。哪種會讓孩子健康成長？這兩種方式都不適合。

孩子就像是花朵，光有陽光是不夠的，還要經歷風雨，二者具備，才能更加美麗綻放。

愛孩子，不是沒有原則的嬌慣。而是在教育孩子的過程中用一種方式保留自己的一部分愛。當然，我們說的隱藏一部分愛，不是捨其一部分愛，而是應該讓愛更加昇華。

做父母的大多數都看過教育子女的一類書籍，再多的理論教育也會在實際生活中出現問題。教育方法很死板，但是每個孩子的個性確是不同的。但是畢竟有相似的東西值得借鑒。下面需要家長參考這些心得：

1　不要輕易的對孩子進行苛責和批評，不要對孩子一直碎念，輕率和單一的家庭管理作風，是沒有智慧和缺乏遠見的家長採用的。開明和懂得教育的家長，一定要在快樂中完成對孩子的教育工作。

2　孩子對家長提出要求，缺乏道理沒有依據的一定要拒絕，不能對孩子放任自流，並且要讓孩子明白，使他的要求受到制約是家長的一種權利。反之，凡是孩子應該必須要的，就一定對孩子進行滿足，不要等孩子要求你去做才做，也不要對孩子提出附加條件。

3　孩子做錯事情的時候，一定要讓孩子受到應有的處罰，但是懲罰他的原因，懲罰他的方法，不需要對孩子講明白。並且言出必行，不能草草了事。還要注意：懲罰孩子的開始和結束應該做到明確，不能對孩子沒完沒了的懲罰。

4　培養孩子自己認知事物的能力，不要用成人的規矩束縛孩子，破壞孩子天真的童年和成長的樂趣。認真了解孩子的性格，為孩子營造一種良好的家庭成長環境，才能讓孩子在不知不覺中受到教育。

日本的一位學者發明了一種特殊的教育孩子的方式，那就是教育孩子的時候把愛留起一半。

這位學者有一輛非常漂亮的豐田小汽車，每到節假日就會帶上全家人四處旅遊。可是，這位學者總是一個人開車上班從不讓孩子搭順風車上學。一天，兒子得了重感冒，走路也有點困難，就希望爸爸用車送他一程。「不行！」學者斬釘截鐵的回答。兒子只能一個人背著沉重的書包向前進。當他吃力的在路口正想走過很高的過街天橋的時候，突然發現爸爸正站在天橋下面等著。學者見了兒子並沒說什麼，只是掏出手絹擦乾孩子臉上的淚水。然後一手拉著兒子，另外一隻手提著書包然後一步一步的走上一級級台階。「孩子，不要埋怨爸爸，你現在是學生，不能坐汽車上學。將來你長大有成就了，一定可以買到更好的車。」學者的眼圈有些發紅。

學者這種教育孩子的方式，不是給孩子很少的愛，而是愛得更有深意、更科學。這才是家長對孩子應該有的愛。

沒有原則的愛，其實不是愛，愛最質樸的表達方式是教育。教孩子如何愛別人，如何給予別人愛，如何用心來感覺愛的存在，如何以正確的方式對待愛才是重要的。生活中對愛盲目的現象很多，當孩子看見花壇裡長出一朵美麗的花的時候孩子去摘，家長為了表示對孩子的愛而不去制止。當孩子受了委屈，受到夥伴們欺負的時候，家長因為愛孩子，出來保護孩子。當孩子隨意的把家裡的物品弄壞的時候，家長因為偏袒孩子，居然說：「好！壞了就換新的！」當孩子因為想要一件新玩具而滿地打滾耍賴的時候，家長又因為愛孩子而妥協。孩子就是在這些愛的伴隨下成長起來，漸漸變得不講理、蠻橫、無知。

但是我們去看一些已開發國家，家長卻能自覺讓孩子「吃苦」。在美國，家長讓孩子們從小就獨立培養孩子的生存能力。在瑞士，父母從小就讓孩子可以獨立生活，十六、十七歲的女孩，初中畢業就應該找工作分擔家計、負擔責任；在德國法律規定兒童年滿十四歲必須承擔一定的家庭勞動。對待在校學習的孩子，父母也把自己的愛留起一半，他們對子女的要求是非常嚴格的。在日本，許多學生利用節假日，在飯店打工，在商店打工或照顧老人，做家教等，賺取生活的花費。美國教育孩子最多的就是培養自主自立，七八歲的小孩就開始做生意，出售他們的貨物賺錢。美國的學生裡流傳著這樣一句話：「要花錢自己賺。」一到放假，他們就變成了打工族，學習自食其力。

古人曾經說「自古英雄多磨難，從來紈絝少偉男」。為了培養聰慧、勤勉、堅強的下一代，我們不妨學學別的國家的家長，盡可能保留一半愛，不去溺愛孩子。

孩子也是社會的一名成員，是社會的參與者，孩子有權利發表自己的建議，他們與成年人一樣，他們同樣擁有獨立權利的人類。

韓非子有句名言：慈母多敗兒。意思就是母親如果過多的疼愛孩子，子女就很可能不成材。誠然，疼愛子女是一種家長的正常感情，也是應盡的 責任，但是應該有一個程度。若生活水準提高了，讓孩子的生活條件過好一些，也在情理之中，但不應該過度的溺愛孩子。現在有些家長，對孩子的沒有原則，過於寵愛。孩子飯來張口、茶來伸手成了普遍現象，對孩子提出的要求不管合不合理，一律應允。有的甚至接送孩子上學放學，晚上還陪孩子學習到深夜。沒有不愛子女的父母，但並不一定需要把所有的愛表現出來，掛在嘴上。愛孩子，就應讓孩子有個清醒的頭腦，一雙睿智的眼睛，讓孩子明辨是非。倘若總是嬌慣孩子的行為，不僅展現不出真正的愛，還讓孩子漸漸變得迷茫，更有甚者，讓孩子的思維越來越偏執，父母溺愛孩子，袒護孩子的錯誤，孩子將來也會仿效家長的做法，因此，明智的父母應該有遠見，在批評中讓孩子體會父母深層次的愛。

為此：讓我們一起尊重並愛護孩子，讓孩子獨立成長。

讓我們相信孩子：孩子能行、孩子真的很棒！

其實在對孩子鼓勵教育的時候，適當的批評也會讓孩子的生活變得健康。未來的道路不可能沒有困難，我們應該用樂觀自信的方法去批評孩子，從批評中讓孩子得以改變，以平和的心態去對待孩子所經歷的挫折。這樣，我們的孩子才能是最為堅強的！總之，為了孩子的未來，讓我們不要過多的溺愛孩子，讓愛變得有深度、更明智一些吧！

「激將法」對孩子更有效

激將法是什麼呢？簡單的說，就是用反話對別人進行激勵，使他下定決心去完成一件事，從而使語言的表達效果更好。

一般說來，就是利用孩子的自尊心和反向心理中的積極部分，從相反的角度、以「刺激」的方式引導孩子向好的一方面發展，以激起其「不服氣」情緒，從而讓孩子有信念去努力，將自己的潛能充分發揮出來，從而讓孩子變得更加優秀。有句俗話說：「勸將不如激將」，對於一些有很強個性的孩子來說，在做親子交流中除了利用很好的方式進行教育的時候，適當運用激將法也會讓孩子可以有效的進步。因此，家長不妨利用激將法對孩子進行鼓勵。

根據孩子有非常大的好勝心的特點，家長與孩子談話的時候，有時就可以採用激將法教育孩子，用言辭反向鼓勵孩子前進。獨生子女在家中很少有競爭的壓力，作為孩子，要激發他們心中的競爭意識，促使他去接受挑戰，使其可以積極的應對生活。

運用「激將法」時候應該注意這幾點：

・不要濫用

要知道，「激將法」並不是每次都在每個孩子身上都有效果。例如：在孩子正遇到挫折的時候，運用激將法就非常的不適合，應該給孩子更多的鼓勵和幫助，而在孩子沒有上進或者得意忘形的時候，運用激將法就可以達到真正的促進作用。

根據美國心理學家的研究發現，「男孩受到斥責影響較大，女孩易受讚美影響」，在親子交流中，對男生適當「刺激」就會產生良好的效果，而對女生就應該多表揚少批評，而且大多數女孩比較內向，所以使用激將法也不應該在公共場所。

・適可而止

每個孩子的心理對外界的承受能力和壓力是有一定的限度的。在此限度內，家長給孩子施加的刺激和壓力應該與「內驅力」成正比，即人們常說的「越挫越勇」，壓力變為動力，如果過了一定的限度，就會導致與家長期望相反的反應或不會激起孩子的鬥志，也就是人們經常說的「越激越糟糕，壓得癱了腰」。因此無論家長對孩子有多麼的善良，對孩子使用激將法的時候，家長應該有靈活運用的能力，應該是得心應手的，切不可操之過急，千萬要考慮你的話是否已經超出孩子的心理負擔。這就需要家長小心對待，精心部署自己的完美計畫了。例如：對自尊心較強的孩子在使用激將法的過程中應提出更高的要求；而對於自卑軟弱的孩子一般不宜採用此法，應該以鼓勵孩子為主，即使要激勵孩子，態度也應該完善，激將上的力度不宜過大；對那些不關心學習，總是一副無所謂態度的孩子，激勵的時候應該表現出嚴肅認真，讓孩子認真起來；而對那些很踏實較認真的孩子應該以平和的教育方法，如果需要採用「激將法」，也只應在談論。

運用激將法讓孩子可以有效的振作起來，主要取決於「刺激」中是否含有激勵的意思，選擇激勵的方法和時間是否正確。所以，要充分發揮這種辦法在教育孩子時候的功能，就必須做到：

（1）了解孩子最近的表現如何，確定孩子前進的目標。

激將法所激勵的內容應該要比孩子的實際思想認識水準要略高一些，但又是近期努力可以實現的。如果不考慮孩子是否可以完成這個期望，期望過高、過遠，孩子感到是「天方夜譚」，那就不僅不會成為孩子奮發向上的動力，相反的是讓孩子的羞恥心受到打擊，增加自卑感，甚至會使孩子的性格越來越消極，導致逆向反應。因此，父母利用激將法的時候，必須結合孩子的實際狀況，找到孩子可以激勵的地方，在此基礎上以確定自己給孩子定的目標不要過高。使用激將法，激勵中的期望應該是孩子近期可以完成的概率比較大的，也應是他們能夠接受的，從而使孩子在一段時間的努力以後可以看到成效，從而獲得成功的喜悅。這種進步和成功反過來也會激勵自己成長起來，達到「自我激勵」的作用。「跳一跳，摘到果子」的喜悅，讓孩子在激勵中得到成功的滋味。

（2）把握教育的情境變化，激將的方法應恰當。

在不同的環境下面，對同一個孩子運用刺激的方法，而效果確是不同的，有時能使別人非常激動，積極奮發，有時卻毫無作用甚至會有負面作用。
教育情況的不同的可變性決定了家長不能總是採用一種辦法，運用激將法必須掌握不同的情節利用不同的方法。

別在別人面前批評孩子

著名的教育家洛克曾經說過這樣一句話：「父母不對孩子的過錯到處宣揚，則說明子女可以更看重自己的名譽，他們自己是個有尊嚴的人，因而會更小心的維護自己得名譽；若是你總是在眾人面前宣揚別人的過失，使他陷入尷尬的境地，他們便會失望，而沒有對他們制裁的工具，他們一旦覺得自己的名譽總是遭受打擊，則他們相會維護自己尊嚴的概念也就越小。」在現實情況下也如洛克說的這樣，孩子如果在大庭廣眾之下被揭傷疤，那麼孩子自尊、自愛的心理防線就可能被擊毀，甚至會讓孩子的價值觀扭曲，以醜為美。

每個孩子都是一個獨立的個體，他們不僅想得到父母的愛，更渴求的是得到尊重和理解。孩子也是有自尊心的，孩子年齡越大，自尊心也會增加。父母在眾人面前批評孩子容易讓孩子自尊心受挫折，父母經常在外面批評孩子，有可能讓孩子與家長敵對起來。

孩子有缺點，父母要在家裡沒人的情況下，對孩子進行善意的批評，並告訴孩子如何改正。父母這樣的批評，一般來說孩子都比較樂於接受。

一個星期天，表弟的兒子王曉陽邀請他的同學來家聚會，他們玩得非常盡興，我弟妹回來了，看到家裡非常亂，便火冒三丈，當著王曉陽的同學面把他臭罵了一頓。孩子的自尊心受到了極大的傷害，同學們也感覺很尷尬。這孩子一氣之下去了奶奶家，每天都從奶奶家直接上學，母子倆就這樣冷戰了三個禮拜，最後還是媽媽承認了錯誤，把矛盾化解了，孩子才回家了。

尊重孩子，一定要給孩子留面子。這對孩子的成長來說是非常有必要的。站在孩子的立場上尊重孩子，會有利於孩子自覺形成自愛、自重、自尊的個性，並要求希望受到別人尊重的情感。具有這種情感的孩子，在人際關係上，既可以尊重自我又可以尊重他人，所以他們自然也會得到別人的尊重，在生活中就會自信心高，非常有責任感，而且懂得進取。

其實，孩子的尊嚴比大人的尊嚴更重要。因此，父母們不能在大家面前批評孩子，因為孩子每一個行為都是有一定原因的。這是由於孩子的年齡造成的。也許這些原因在成人看來非常不起眼，但在孩子的眼裡這件事情非常嚴重，不了解原因就在大家面前批評，非但不能很好的解決問題，而且會把問題變得更糟，使孩子有嚴重的排斥心理，導致無法繼續對孩子進行教育。父母對孩子進行批評主要的原因是防止孩子有的不良行為與不好學習態度。其實，父母要想達到批評的教育目的，還是有一些需要注意的，因為批評不僅是良好的家庭教育，也應該是維持家長與孩子親密關係的一個關鍵。

・批評孩子應該考慮時間與場合

父母批評孩子盡量不要選擇在早晨、用餐的時候、孩子睡覺之前。在早晨對孩子進行批評，可能會讓孩子一天的好心情消失；在用餐的時候批評，就會讓孩子的食慾下降，長此這樣不利於孩子的營養吸收；在孩子睡覺以前批評孩子，就會影響孩子的睡眠品質，不利於孩子的大腦及身體發育。最關鍵的是，父母批評孩子不應該選擇在人多的地方，比如：公共場所、在同學和朋友的面前、當著很多親友的面前。孩子的自尊心也是很強的，甚至覺得自己的尊嚴非常重要。如果父母在眾人面前對孩子進行批評，會讓孩子覺得很丟人，還可能對父母非常不滿甚至還有怨恨的心理，也會嚴重的影響親子關係。

・批評要恰當

批評合理才能讓孩子從心底接受家長的批評，才有可能有效的不讓孩子增生錯誤的習慣和毛病以及一些不道德的行為。

父母對孩子批評以前要把孩子犯的錯誤搞清楚，事實不清，把事情誇大孩子也是會讓孩子非常難以接受的。因此，父母在對孩子進行批評的時候，要做到以事實為依據，絕不能誇大事實。生活中，有些父母批評孩子受到孩子的排斥甚至讓孩子產生不滿的情緒，就是因為父母在批評孩子的時候理由很不充足，甚至故意誇大事實，使孩子產生反感。

・批評與教育相結合

批評的主要目的是抑制改掉孩子身上的不良行為習慣以及不良的學習風氣。為了讓孩子可以接納家長的批評，父母在對孩子進行批評的時候必須向孩子講清楚這些事情的危害，使孩子發自內心的改掉這些錯誤的行為習慣，使孩子知道父母批評自己實際上是為了自己好，為了讓自己更良好的成長。

・批評要找到重點

「打人莫打臉，罵人莫揭短」，家長對孩子的批評一定要抓住重點，就事論事。然而，有些父母批評孩子卻不是以事情說事情，而是把孩子過往的錯事全部數落一邊，把上個月的，甚至是去年、前年孩子的過失都要算上一算。這樣就沒有找到批評的主題，孩子不知道自己為什麼挨批，也不知道家長讓自己改正什麼，這也不是，那也不是，總是說自己毛病多，讓孩子的情緒越來越消極，最後喪失信心。

・給孩子一個解釋的機會

當批評不符合事實的時候，父母也應該聽聽孩子是如何解釋的。因為如果孩子只是表面的接受家長的批評，然而心裡覺得很委屈，實際上不僅不會達到好的作用，還會讓孩子有更多的毛病。與此同時，家長應該讓孩子清楚：解釋的目的並不是為了推卸以前犯錯的原因，還應該做到以平和的心態來處理問題，盡量實事求是。

一個成功的家庭教育必然是家長對孩子有著深入的了解，接受和尊重孩子意見，不要總是接孩子的傷疤。因此，當孩子的行為並不是很讓人滿意的時候，父母不應該對孩子隨意胡亂的指責，要根據時間、情景不同對孩子做出正確的引導。

批評孩子是一門教育孩子的藝術，因此，我們作為孩子的家長，都應該做到努力探索，研究如何正確的對待孩子，以便讓我們可以對孩子進行有目的性的批評，以平常的心態撫育孩子。

批評孩子要突出重點

一棵幼苗在成長過程中，其實，它不是有很多要求：陽光、水、空氣、適宜溫度，在普通的土壤中，它就可以茁壯成長最後變成參天大樹。而有的花匠，為了可以讓人們欣賞到盆景，卻將小樹苗放在溫室之中，或是養在一個精緻的花盆之中，給它吸收一些化學營養，讓它按照人們資金的想法生長。也許這棵樹苗會長出形態各異的形狀，成為很多人喜歡的盆景；但是，它可能永遠的失去了原有的風姿和生存年限，成為了人們可憐的審美犧牲品。

每個孩子就像是一個小樹苗，應該給孩子自由的時間和空間，他就可以獨立的成長直至成熟。小樹苗是沒有思想的植物，只能任人擺布。但孩子是會說話，有思想的，他們有自己的獨立的想法。作為父母，如果不注重與孩子之間的感情溝通，就會犯很多錯誤，就像是花匠一樣，將孩子培育成自己喜歡的盆景，這種事情是非常不好的。

鄰居的兒子小亮上小學五年級了。在父母眼裡，小亮是個粗心、懶惰的調皮鬼，這個孩子很聰明，可是就不放在學業上，成績就是中等；小亮總在學校打架，上課又違規，被老師找過很多次家長。更嚴重的問題是：小亮總是和父母爭吵，他不僅從來不聽媽媽的反覆教導，而且對爸爸的指責和打罵進行反抗：「你打我侵害了兒童福利法，我要去法院告你！」

當父母帶小亮來到心理諮商中心的時候，心理醫生與小亮和他的父母對情況進行了解。小亮的父母介紹了孩子的情況：孩子從小就讓爺爺奶奶寵著，給慣壞了；小亮的好勝心比較重，總是喜歡和別人一較高下，所以常會與別人打架；小亮沒有學習的上進心，成績總是不好，學習很不自覺，做作業很草率，總是需要父母管教，所以，就不希望讓爺爺奶奶和他在一起生活了。

小亮的說法差異很大，他說：「爺爺奶奶與我們住在一個樓，我們在六層，他們在三層。我非常願意和爺爺奶奶一起生活，他們非常喜歡我，從來不打罵我，總是誇獎我的優點。

一二年級的時候，我的學業成績很好。可是，父母還是覺得我的成績太差了，又怕把我慣壞了，他們常和爺爺奶奶發生矛盾，非讓我和他們一起住。其實，爺爺奶奶都是教師退休，知識很淵博，經常給我講故事，讓我看很多課外書籍，教育我做個好人。我也會幫助他們工作，買牛奶、送報紙、遛狗、打掃和洗衣服，我都做得很好。至於與別人打架，都是看不慣別人欺負孩子，我喜歡管閒事，打抱不平；可是，老師卻不公平，凡是參與打架的，都會受處分，還會叫家長……

自從我到父母那邊，父母什麼也不讓我做，可是，我一放學，媽媽就讓我寫作業，總是給我挑毛病，弄得我很煩，根本沒心思做功課。爸爸工作很忙，他脾氣也很壞，發現我犯點小錯就打我！所以，我就會跑到爺爺奶奶那裡，不想見父母……」

看來，小亮和父母之間的主要問題是缺乏在情感上的溝通。親子之間造成的溝通障礙很多，我們不妨分析一下這些原因。

現今的父母總是希望孩子按照自己的想法成長，最是會有三種不同的結果：第一種就是培養出所謂的好學生，但可能一生都在別人的腳下臣服，不會有什麼成績。第二種是越來越叛逆，他以後一定是一個不孝之子；同時，他還會冒風險，想盡辦法去牟利，就像小時候對抗父母一樣。第三種則是不聽管教的難以順服的勇敢者，他日後只有遇到貴人，或是有人指點，才可能變成有用之才……

家庭教育，其實不是很複雜的事情，應該從無私的愛去考慮，應該經常聽孩子的心聲，與孩子一起學習一起進步，這樣就可以成為稱職的父母了。上述小亮給我們的啟示是：父母應該學會如何正確與孩子進行溝通，簡潔也是一種溝通智慧，重點突出，堅持才會有效果。

一個孩子的成長，就像是莊稼的成長，隨著時間的變化，不同的時節就會有不同的變化，不能總是錯過時節，要學會定期除草施肥。所以，有專家說：育人就像是種田，這是非常有道理的。

家長與孩子之間的情感溝通，就是父母與孩子可以以平和的態度討論問題，無論說什麼，只要可以及時溝通，就是一個很大的成功。所以，與孩子交流，並不是僅僅為了督促孩子學習，學會與人溝通，是一生的事情，關係孩子未來的前途與命運。

父母是孩子成長路上的指向標，要想幫助孩子成為有用的人，就應該建立良好的感情基礎，這樣家長教育才能正確實施！

你是合格的家長嗎？

如果有以下現象請打勾

項目	現象	請打勾
1	對孩子進行當眾批評	
2	表揚孩子次數很少	
3	經常用好孩子的學習比較自己的孩子，來批評孩子	
4	總以自己年輕時候的事情教育孩子	

你是合格的家長嗎？

5	總對孩子說自己全部付出都是為了他（她）	
6	把教育孩子的全部希望寄託在學校和家庭教育上	
7	用自己的標準要求孩子	
8	用物質獎勵的方式刺激孩子進步	
9	對孩子的提問置之不理或不重視	
10	不鼓勵孩子或者不想鼓勵孩子	
11	總是指責孩子的缺點	
12	在教育孩子的意見上夫妻雙方不統一	
13	在孩子面前吵架	
14	生活沒有目標	
15	孩子分數差就開始情緒壞	
16	認為只要滿足孩子的物質需求，孩子的學習就應該好	
17	認為孩子可以聽明白你的話，但你從來不做	
18	不認為自己的行為會影響到自己的孩子	
19	孩子學業成績與自己的文化水準無關	
20	為孩子做所有的事情都覺得是在關心孩子	
21	相信各種所謂的拔高訓練	
22	認為孩子學習就應該受到監督	

23	讓孩子誠實，自己卻總是說謊話	
24	認為表揚孩子會讓孩子驕傲	
25	限制孩子玩樂的時間，自己卻總是去玩樂	
26	當孩子不聽話時候就開始打孩子	
27	常在孩子面前說別人的過失	
28	認為孩子的缺點只有批評，才會改正	
29	常說「你怎麼就是個傻瓜」	
30	你生氣的時候總說「你一文不值」	
31	你認為學習是一件很痛苦的事情	
32	常說「只要學習好，怎樣都可以」	
33	認為孩子學習的好壞是受自己的聰明影響	
34	認為孩子將來的命運在於自己	
35	認為人的性格很難改變	
36	認為大人已經定格	
37	當孩子說一件自己很得意的事情的時候，卻告訴他別驕傲	
38	認為自己已經做了所有的事，孩子的好壞與自己的無關	
39	認為孩子在學習上不著急，自己似乎太著急	

40	你認為孩子的主要教育方式：	1 消費	2 投資

分析以上問題：

A．如果你選擇5項或以裡，你應該加強教育學習。

B．如果您選擇了超過10項但不足20項，你必須警惕了。

C．如果是在20項以上，你必須改變，否則可能就會毀了孩子。

第八章　父母需要經常自我反省

允許孩子犯錯才是明智的父母

作為合格的家長而言，是允許自己的孩子犯錯的。家長在有的時候都會犯錯更別說是孩子了，合格的家長是可以原諒孩子的錯誤的。我們從不敢保證自己沒有犯過錯，那麼為什麼要如此的嚴格要求孩子呢？我們回想自己的童年，無論是多乖的孩子，犯錯的事也是時有發生的。自己的童年就是那樣度過的，為什麼把那些不快樂的事情加在孩子身上呢？

那天，兒子讓我帶他去公園玩。我在下樓之前，特意叮囑孩子，鑰匙由他帶著，不能忘在家裡。

兒子答應得很爽快，可是我還是不放心，在鎖門以前，還特意讓孩子把鑰匙拿出來讓我檢查，確定是家裡的門鑰匙，而不是廁所的鑰匙，才放心的把門鎖上。到了樓下，發現下起了小雨，我讓孩子上樓取傘。取了傘下來，兩個人到公園開開心心走了一圈。晚上回來，發現鑰匙找不到了。媽媽又出差，沒辦法，我只好找鎖匠來開鎖。進了房門才發現，鑰匙居然在桌子上。原來，孩子拿雨傘的時候，把鑰匙放在了桌上。結果不但要花錢進門，第二天，還需要把鎖換掉。

還有一次，因為孩子想試一試玻璃瓶硬還是玻璃硬，於是用玻璃瓶把窗戶上的玻璃打碎了，他卻撒謊說是家裡的小貓弄壞的，根本和他沒有任何關係。

我故意說到：「小貓怎樣把玻璃打壞的？」「玻……」孩子看了看窗前的玻璃瓶，「玻璃瓶。」我覺得太好笑：「那麼，小貓是怎麼用玻璃瓶打壞玻璃的呢？」孩子就用自己打壞玻璃的方法進行示範。

「可是，」我的表情嚴肅了起來，「我們家中沒有養貓啊。」孩子目瞪口呆的愣住了。是啊，家裡從來就沒養過貓，小貓怎會打爛玻璃呢？「是我打爛的。」孩子只好承認錯誤。我決定打鐵趁熱，給孩子上了生動的一課：做事情需要認真，犯錯應該主動承認，因失誤而誤了事，就很糟糕了；要做個誠實的孩子，像牛頓一樣，打壞了東西就要承認……

這一篇長篇大論下來，孩子已經昏昏欲睡了。

相對而言，媽媽就不這樣嘮叨。一般情況下，只要孩子有錯，媽媽就會訓斥他一頓，而且，特別喜歡在別人面前教育孩子。她一直認為：「當面教子在別人面前教育孩子很有效，讓孩子知錯而能改。

不過，孩子並不喜歡媽媽的這種教育方式，犯了錯誤，他往往還是會找我，覺得雖然我說的雖然自己不明白，但是，至少不會太倒楣啊。

每個人犯錯都是情有可原的。對於正處於成長階段的孩子來說，更是如此。對待孩子的錯誤，家長一般就會有兩種不同的教育方式：孩子如果犯的錯誤非常小，而這些小錯誤是出於好奇心而造成的，那麼就沒有必要去深究，只要讓他明白，犯錯會承擔相應的後果就可以了；如果孩子犯錯是比較嚴重的，例如偷竊、撒謊等，父母就應該就行深刻的教育，那是絕對不允許的，無論是社會還是家庭，還是孩子周圍的人，都不會對這種行為有友好的態度。

不過，不管孩子犯的錯誤情節輕重與否，家長的心態都要保持平和，不要強硬的要求孩子應該做什麼不該做什麼，講清道理，孩子就會自己做出選擇。特別需要注意的是，父母千萬要記住：無論孩子的年紀有多小，他也有自尊心，也會非常在意別人對自己的看法，家長不可以在大家面前斥責他，而是應該以朋友的身分，用心與孩子進行交流。

想讓孩子尊重你，先尊重孩子

孩子是活生生的個體，而不是家長的附屬品。我們總是在宣導，一定要尊重孩子，孩子從小就是有尊嚴的。其實，胎兒在成形的時候，他就具有需要我們尊重的權利。也只有我們尊重了孩子，孩子才會學習去尊重別人。

獲得尊重是每個孩子的權利，而且這一個大眾原則是需要由父母告訴孩子的。如果家長不知道如何去尊重孩子，那麼孩子又怎麼會去尊重別人？

有一天，我們到同事家裡做客，同事的女兒芳芳也在。很快就是中午吃飯的時間了，大家都想去飯店。可是芳芳卻站在那裡不動了，媽媽走到芳芳面前，而芳芳把嘴一撇說：「我不去吃，我想在家裡吃。」

在平時，芳芳是非常懂事的，今天怎麼會這樣呢？媽媽耐心的說：「芳芳，你看看有很多叔叔阿姨等著你的，你也去，好嗎？」芳芳聽了，還是不說話，媽媽又說：「這到底是為什麼呢，能告訴媽媽原因是什麼？」芳芳這個時候才勉勉強強說出了原因。

原來，爸爸的朋友有幾位非常喜歡喝酒，而且喝起來就沒完沒了，又吵又鬧，芳芳也曾經跟他們出去過，等他們吃完飯，芳芳早就睡著了。

媽媽明白了原因，於是就對芳芳說：「其實，你可以吃完飯就回家啊，把你的想法說出來，我想爸爸一定會同意的。可是如果你不說出來，而是這樣沉默，爸爸媽媽就會認為你不懂事，或者是在無理取鬧，你知道嗎？」芳芳點了點頭，就和大家出去吃飯了。

吃完飯之後，媽媽與女兒先回家了。

這一次，媽媽不但尊重女兒的選擇，而且還告訴了芳芳看待事物的另一種方法，並且幫助女兒從不解當中走出來，可以說是為女兒在成長道路中知道了做人做事的辦法。

還有一次，芳芳報名參加了小學生圖畫日記比賽，而芳芳把日記寫好之後就放在桌上了，媽媽出於好奇就去看，等到芳芳回來的時候，媽媽說：「女兒，你日記裡面有幾個錯別字，要不要我告訴你？」沒有想到芳芳竟然說：「不要！」媽媽就問：「為什麼？」芳芳鎮定的說說：「小學生寫錯字是很正常的，如果您改過了，那麼就不是我做的了！」就這樣，這篇有錯別字的筆記寄了出去。

首先，我們應該對這位媽媽表示讚美，因為她把那篇有錯誤的日記寄了出去，因為在很多時候，家長因為「好面子」，就做一些違反常規的事情。雖然比賽是完美者獲勝，但是比賽需要真實和誠信，芳芳在這件事情中也讓自己的媽媽知道真實和誠實的重要性。

其實在這件事情之後，媽媽完全可以去引導孩子去看展出以後的反映，老師、同學的反映如何，再看看別的會不會出現這種情況。並且印證一下「小學生寫錯字是常有的事」是否正確，透過現實中的一些例子去改正孩子的錯誤。

在當今社會，年輕的家長已經越來越重視尊重孩子的情緒、隱私和想法，這些都是好的趨勢。但是父母也應該清楚，父母的職責就是對孩子進行必要的引導和教育，並且要尊重孩子的表現和想法，但是切記不要縱容孩子，讓孩子愛怎樣做就怎樣做。

我們用畫圖筆記中有錯誤作為案例，這件事情當時女兒說明原因之後，家長也表示了尊重，但是寫錯別字是正常的嘛？顯然不是的！假如家長不去在發生的時候糾正，那麼就會讓女兒有了「小學生寫錯別字很正常」錯誤思想，這樣不利於孩子未來的發展。

做父母的應該明白的是，尊重孩子需要有限度，我們可以沿著孩子的思維去思考問題，尊重他們的想法，但是如果孩子的思想是錯誤的，或者是偏差，那麼就要應該正確的去引導孩子，這樣才更有利於孩子的身心發展。

錯了，不要羞於向孩子道歉

父母有時會錯怪孩子，這種事情也是會存在的，因為很多父母都不知道自己的孩子在想些什麼。當孩子有錯誤時，都會主動向大人認錯，向被傷害的一方道歉；可是當父母犯了錯，誤解了孩子的行為，卻沒有正面的對孩子進行道歉，這種現象是非常不好的。

父母覺得給孩子道歉這種事情很丟人，而且覺得自己是家長，完全沒有必要。情願把那些錯誤總是背在自己的口袋了，每天背著走。這樣的做法是非常不正確的。很容易給自己造成負擔，而且也不利於孩子的教育。試問自己都不可以主動的承認自己的錯誤，又怎麼讓孩子去主動承認呢？

如果父母像孩子一樣，覺得自己在面子上過不去，大膽承認並且主動的改正，不光自己輕鬆很多，而且也給孩子做出了身教示範。

老同學趙雯回到家後，發現家裡那個魚缸被打破了。因為自己的兒子很調皮，她就以為是兒子調皮時弄壞掉了，所以對兒子劈頭劈臉的一頓臭罵。孩子當時覺得非常委屈，總說這不是他做的。而趙雯以為孩子做錯了事不主動承認，還在狡辯，就一時生氣還打了孩子。沒想到晚上的時候，孩子爸爸回家告訴她說魚缸是在整理東西的時候被打壞的，趙雯這才發現到自己錯怪了孩子。

但是趙雯因為顏面問題不想和孩子道歉，所以她居然對孩子說：「這次雖然不是你打碎的，但是，就是因為你平常太調皮了，以後要注意一點。」孩子心裡很委屈，媽媽錯怪了自己，沒有道歉，反而這樣批評自己，這讓孩子非常的氣氛。接下來的很長一段時間，他都不願意和媽媽說話。

趙雯雖然知道自己傷害了孩子還沒有道歉，但是卻總是礙於家長的臉面，不知道該如何和孩子談這件事。

這種事情總是在生活中出現，當孩子犯錯時，父母就是一頓教訓，但是當父母犯錯的時候，卻連一句話都不和孩子說。父母經常會犯這樣的錯誤，雖然沒人去指責這些父母，但並不意味著父母就這樣輕而易舉的原諒自己。

被人冤枉和誤解是一件很痛苦的事情，如果父母還不向孩子主動道歉，總會給孩子以後的生活帶來影響的。由於父母總是太礙於情面。不主動承認自己的錯誤，更不會道歉，讓孩子蒙受了不白之冤，這會讓孩子的內心非常痛苦，甚至會讓孩子陷入迷途，對人生的意義開始迷茫。

所以，父母應當把自己的家長架子放下來，誠懇的給孩子道個歉。誰都會犯錯，每個人都會犯錯，孩子犯錯了可以主動道歉，大人也是如此。實事求是主動向孩子承認自己的錯誤，表現出了對孩子的重視和尊重，這樣不僅教會了孩子做人的原則，而且還能讓孩子對自己更加敬佩，而父母的威信才能真正樹立起來，親子關係也更加的融洽。

老同學王蘭和丈夫工作都很忙，根本沒有時間照顧孩子，於是他們把兒子送到鄉下爺爺奶奶家裡一起生活。有一次，兒子經不住一些大孩子的唆使，偷偷從奶奶那偷走了五十塊錢。後來，在王蘭到鄉下的時候，奶奶把這事和她說了。王蘭很生氣，她對兒子一頓教訓，兒子也知道自己錯了，向媽媽保證以後再也不犯錯了。

又過了一段日子，王蘭再次回鄉下看兒子。結果當天晚上，爺爺又對她說，兒子又拿走了他一百元。這次王蘭更生氣了，上次孩子不是保證過了嗎？怎麼這次又開始這樣？她立即把兒子叫了過來，質問他是不是拿爺爺的錢了。

孩子很大聲說：「我沒動過爺爺的錢！不是我拿的！」

王蘭一聽，還不承認！訓斥兒子的聲音更大了：「不是你拿的，是誰拿的？難道是爺爺冤枉你了？」王蘭越說越生氣，甚至要動手打孩子，被爺爺奶奶給拉住了。孩子像一隻受驚的小貓，縮在屋子裡的角落，一邊哭，一邊喃喃的說：「就是冤枉我了，我沒拿爺爺的錢！」

到了第二天的早上，爺爺非常抱歉的告訴王蘭，錢確實不是孩子拿的，原來他把錢放抽屜裡面忘了，還以為是孩子拿了他的錢。王蘭心中一陣陣難過，她真的錯怪兒子了。想起昨天兒子委屈的樣子，她心裡特別難受。

於是她立即走到兒子身邊，輕輕的抱著他，說：「兒子，我錯怪你了，是爺爺和媽媽錯怪你了，對不起，媽媽給你道歉。」

孩子非常難過的說：「媽媽，自從上次因為拿錢你教育過我以後，我就再也沒有拿過錢了，真的。」王蘭緊緊抱住了兒子，內疚的說：「媽媽知道你是個好孩子！爺爺老了，記性不太好，你不要怪他。是媽媽錯了，是媽媽的錯。」到這時，兒子臉上露出了笑容。

當孩子犯了錯誤之後，有些家長就會有感情上的衝動，往往會對孩子進行不恰當的批評或懲罰。然而知道孩子是冤枉的，父母又往往會特別的後悔。這時，如果父母可以鼓起勇氣向孩子道歉，就能讓孩子的路走得越來越好。像王蘭就敢於及時向孩子道歉，承認自己的錯誤，及時的彌補孩子的錯誤。

有些家長覺得自己向孩子認錯、道歉，是很沒面子的事，進而失去權威，這種擔憂完全沒有必要，相反，向孩子道歉還可以提高父母在孩子心目中的地位。當然，給孩子道歉不能過於生硬，含糊其辭，態度一定要懇切，讓孩子感覺到自己是真心實意的道歉，這樣才能對教育孩子有很大好處。

有位很著名的心理學家曾說過：「我知道媽媽和爸爸也會有出錯的時候，但這並不意味著他們不是我所依靠和關心照顧我的人。」家庭教育中如果有過失和錯誤，勇於向孩子道歉是一個非常明智的舉動。

孩子的興趣是自己培養出來的

每個孩子都有自己的私人世界，有自己感興趣的事情，然而在當今社會中，父母卻不懂什麼是孩子的興趣，認為孩子什麼都不懂，為了盡快讓孩子能夠適應發展，將自己的個人愛好、興趣強加在孩子身上。現在有很多特長培訓班，但是到底真正培養的是誰的興趣？這是需要家長仔細思考的問題，既然喜歡去培養孩子的興趣，那麼就應該去培養孩子自己的興趣，而不應該是家長的喜好。但是，當下很多父母不會去考慮這個問題，他們認為這個愛好可能會對孩子以後發展有好處，或是希望孩子可以彌補自己，當年沒有完成的願望，將自己喜好的興趣強加給孩子。至於孩子心裡怎麼想，孩子有什麼感覺，父母從來沒有考慮過。

有一次帶孩子到診所打疫苗，看見一位年輕的母親，她帶來了一個非常瘦弱的小女孩，她問大夫：「我的女兒身體非常弱，怎麼這麼瘦？怎麼也吃不胖！」大夫經詳細的詢問才知道，這個小女孩週日要上三個「才藝班」：週六還有一天的課，上午學數學，下午學英語，晚上還要學作文。諮詢的過程中，小女孩一直是面目表情呆滯，一聲不吭。大夫歎了口氣，告訴媽媽說：「你的孩子太疲憊了。週末應該是休息的時間，為什麼不讓她放鬆休息一下呢？」

本來才藝班是為了培養個人的興趣，結果卻成為了孩子的累贅，父母帶給孩子的不是興趣而是苦惱。比如說案例裡面的媽媽，主觀的把自己的想法全部放在孩子身上，剝奪了孩子的興趣，讓孩子失去了自由選擇的機會。讓本來可以自由自在的孩子背負上包袱，越來越累。這種做法對孩子的身心健康有很大的損害，案例裡面的小女孩就是典型事例。

其實孩子能否成才，關鍵是在是否可以讓他穩步發展。做好的辦法就是讓他培養自己的興趣愛好，讓孩子經常參加一些課外活動或者是學校組織的興趣小組，這樣做可以有效的緩解孩子內心的壓力。

每位父母心中可能都有一個「大學夢」，為了能夠在別人面前炫耀一番，把所有的希望都寄託在孩子身上，將原本應該是溫馨的家庭變成了管教兒童的課堂，強迫孩子去學這個、學那個，其結果卻常常是與所想有所差距。

老家的銘毅夫妻沒讀過什麼書，吃過不少沒有學歷的虧，導致在社會發展上有很多地方受到限制，日子過得非常艱難。好在他們有一個五歲的男孩，聰明、活潑、健康。於是銘毅把希望寄託在年幼的孩子上，他下定決心一定要讓孩子讀大學，特別想讓兒子找一個賺錢多、又體面的工作。

銘毅經過慎重考慮，覺得要想學業好，就必須要把字寫好了，所以就給孩子報名了書法班。沒有想到孩子根本不感興趣，畢竟孩子只有五歲，很難專心下來，總是寫一會就出去玩。銘毅非常惱火，總是用打罵的方式去逼迫孩子。結果，孩子的脾氣越來越壞，甚至用絕食來抗議，父子的關係也開始出現裂痕。銘毅本來想讓孩子學好書法。結果卻事與願違。這種情況總是在家庭出現。比如孩子看書看累了，就想出去放鬆一下，父母發現就會說：「就知道玩！玩你能賺大錢嗎？玩能找到好工作嗎？」當孩子有困乏的時候，父母就會遞上各種補品，鼓勵孩子繼續加油……

這樣的事情不勝枚舉，也造成了孩子的痛：一個六歲的男孩。因為母親強逼著他學鋼琴，把自己的手指弄傷；還有一名大學生，因為被父母的期望和要求逼得精神崩潰，終於忍無可忍，用繩子勒死了自己的父母……

這些悲劇都是由父母造成的，美國的一位社會家庭學家說過：「家庭教育定向的一個關鍵，是要讓自己與孩子在平等關係中來認識、研究、對待和決定。其中，父母發現孩子的興趣，要比讓孩子對某件事情產生興趣重要得多。」這就說明了父母不應該去刻意培養孩子的興趣。

父母的價值觀與人生觀，還有生活感受經歷與孩子各不相同，他們對孩子的興趣培養主觀思維是非常強烈的，往往會受到社會發展和自我空間狹隘的制約。只有當培養的興趣與孩子的發展需要相同時，孩子才會容易接受，才能獲得極佳的效果，否則就會對孩子的成長造成傷害。

失去的夢，無法再找回。而失去了童年，會是人一生的遺憾。父母不要因為自身願望的要求，就專制的選擇孩子的童年與興趣。這對孩子是一種非常嚴重的傷害。讓孩子自己選擇發展的方向，擁有一個快樂的童年吧！

不要把對孩子的期望變成壓力

很多家長都是望子成龍，對孩子的未來懷著巨大的希望，希望自己的孩子可以金榜題名或是飛黃騰達，出類拔萃。隨著社會變化，生活壓力越來越多，父母對孩子未來的前程越來越擔憂，所以給孩子提供更好學習環境，以期望孩子可以取得更好的成績。於是，就有許多父母開始苦心孤詣的，千方百計為孩子創造一個良好的生活環境，不顧考慮孩子的自身情況，總是按照自己的方式去限定孩子的行為，要求孩子只許成功，不能失敗。這樣的行為就會給孩子造成很大的壓力。當然，這種過高的期望就會給孩子背上一個很大的包袱，也可能讓父母看到無限的失望。

父母對孩子前途充滿希望這是無妨的。因為父母把未來的希望全部寄託在孩子身上很正常，每一位父母都希望自己的孩子可以茁壯成長，將來有所作為，成為一個有所作為的人。而且適當的期望也是父母對孩子的一種自信，有利於孩子增強自信心和進取心，是孩子在成長中的動力。

但是過高的期望就會讓孩子內心中產生極大的壓力，讓孩子無法從自己的現實情況和父母的強烈願望中可以找到平衡，這樣不僅達不到積極的作用，反而會讓孩子在現實中越來越消極。在孩子的世界裡，學習的負擔越來越重，學習環境也卻趨向複雜發展，還有就是家庭也時常出現一些矛盾，社會中的人際關係變得越來越複雜，這些都讓孩子的內心中積聚了更多的壓力。父母過高的期望讓孩子在總是緊張的學習中度過，但是仍沒有辦法達到家長的目標，他的心理負擔也更加沉重。

王蘭蘭是個十三歲的小女孩，她父母在她身上的期望非常高，上小學的時候，就把她送到市區的明星學校。而蘭蘭也沒有辜負父母的期待，憑藉自己的努力和才智，每次考試都是名列前茅。後來蘭蘭考上了國立高中，並且還在一個升學班學習。在那樣一個優秀學生雲集的地方，蘭蘭心中的壓力一天比一天增加，考試成績也不像以前那樣優秀了，蘭蘭覺得很痛苦。

一次考試後，蘭蘭非常沮喪的回到自己的家，因為這次考試成績非常的不理想。一回到家，媽媽就馬上跑過來問：「考得怎麼樣呀？」蘭蘭知道媽媽特別想得到的一個讓她自豪的回答，但是她沒有辦法做到。蘭蘭心裡非常自責，她慚愧對媽媽說：「媽媽，我這次成績非常不理想。」

媽媽一聽，原本滿帶笑容的臉馬上陰沉下來，只是沉吟的說了一句：「考得不好，下次多用心吧。」轉身便回了廚房，再沒看蘭蘭一眼，在她考得不理想的時候，她希望得到母親的鼓勵和安慰，然而媽媽在嘴上什麼也沒說，但從她的行為語言上可以知道媽媽表示很不滿意。

於是王蘭蘭在心裡暗暗發誓，下次一定要考出好成績，讓父母滿意。然而越是對考試重視，壓力就越大，而媽媽也總是會告訴她：「你的成績要是考不好，同學就會看不起你，老師也不會喜歡你，你周圍的一切人都會瞧不起你。」王蘭蘭的壓力更大了，甚至對考試在內心中有一種恐懼感。而她的成績仍舊不是很理想。

王蘭蘭漸漸失去了信心，變得少言寡語，眼裡只在乎自己的分數，而且心裡也有了疑問：媽媽是愛我還是愛我的分數和榮譽？

作為父母，當然希望自己的孩子能夠得高分，學習好，但這個願望不一定能夠實現，所以父母就會對自己孩子的能力產生懷疑，而孩子也會因此而產生慚愧內疚的心理，甚至喪失動力和信心，在心裡有一種反向心理。正確的做法就是要積極的認清現實，客觀的看待孩子的能力，不要把過高的期望壓在孩子身上。

近一半的孩子在內心中對父母有一種愧疚感，並且一想到考不上心中理想的學校或國立大學，心裡就有一種恐懼感。有的孩子甚至在夢裡都是有關考試的問題，上課也很難集中注意力，並且覺得自己活得特別累，有厭世情緒，這些都是因為學業繁重而產生厭世心理。因為父母過高的期望讓孩子的心裡承擔著非常大的壓力。

如果家長在孩子不適當的年齡用不適當的方法做超出身心發展外的事情，其實是在害孩子。

孩子經過自己努力，如果仍然沒有辦法達到父母的期望，就會讓自己的信心降低，一種自卑感就會在心中萌生，心理上總是有一種因失敗而帶來的壓抑感。這對孩子的身心發展是非常不利的。所以，父母對孩子的期望，一定要符合孩子的年齡，也不要過高。

父母期望過高不僅讓孩子承受過多的課程和作業，而且對孩子的身心健康有很大的影響，還會使親子之間產生矛盾，造成雙方關係緊張。父母對事實和孩子的能力採取尊重的態度，善待孩子，不要總是用超乎正常的標準去要求孩子，也不要給孩子太大的壓力。尤其是那些為了完成父母的願望而不斷努力的，卻不可能立刻能達到父母期望的孩子。

父母應該知道孩子所承受的巨大的社會壓力和心理壓力，科學引導孩子的潛力，減輕孩子的負擔。從精神上為孩子付出愛和支持，給孩子自己留下一個美好的童年。

給孩子的成長，做個好榜樣

很多人都說，孩子的啟蒙老師是孩子的父母。父母的行為在基本上影響到孩子以後的行為。所以作為孩子的家長，必須拿出表率的樣子，才可以讓孩子變得更優秀。

孩子與家長接觸的次數與時間是最長的，他們學習父母的行為可以說是一種天性。而父母的一言一行，一舉一動，就像是一本沒有文字著錄的教材，從不同方面引導孩子的行為。

父母做孩子的第一監護人，也是孩子在世界上的第一位老師，孩子的很多習慣和行為都是受到父母的影響而形成。所以，父母要特別注意在孩子面前的行為，要每時每刻的給孩子樹立好的榜樣。有這樣一句話人們常說：「榜樣的力量是無窮的」，對於孩子的成長來說，這句話很有啟示意義。

所以，在日常生活當中，作為父母，應該以身作則，嚴格要求自己，給孩子做個好榜樣。要讓孩子做到，父母就應該達到示範作用。

有一個孩子和媽媽一起搭公車，突然孩子發現有一個人正把自己的手伸進人家的口袋裡，孩子馬上把這件事情告訴媽媽：「媽媽，那個人偷別人的東西呢！」媽媽往小偷的方向看了一眼，慌張的對孩子說：「別瞎說，那個叔叔在和別人開玩笑呢。」

這個案例中的母親擔心小偷有報復行為，所以就說出那樣的話欺騙孩子，但是善惡是非她都不管，這可能就會在孩子身上留下很多的烙印！孩子的品行如何，與父母的行為習慣有很大的關係。像這樣的言行，就會讓孩子難以辨別是非，甚至會走上犯罪的道路，到時後悔莫及。

父母雖然具備健全的心理素養，但是對孩子的早期教育應該予以重視。父母不斷追求進步，對孩子就有很好的鼓勵作用，而孩子也會從父母做事的方法當中，學到在社會當中如何做人。

同事兩口子總是說自己的孩子過於調皮從來不聽家長的話，而且學業成績也不好。有一次，因為孩子的成績比較糟，夫妻就開始對孩子進行打罵，把孩子打得哇哇大哭。鄰居實在看不下去了，就過去對孩子的爸爸說：「你們整天總是這樣督促孩子學業，可是你們每天找一大群人在家打麻將，這樣的吵鬧環境孩子怎麼能學習，你們難道沒有責任嗎？」

夫妻倆被說得啞口無言，是啊，他們自己都沒有做好，怎麼要求孩子自己做好呢？於是從那以後，他們教育孩子的時候再也不打罵了，而且家裡也沒有人打麻將了。

這個案例中的家長雖然做錯了事情，但是他們可以及時就做改正，重新為孩子創造良好的學習環境，正所謂亡羊補牢，為時不晚。

父母在責備孩子過錯的時候，不妨要對自己進行一下自省：要求孩子學習刻苦，我學習真的是很刻苦嗎？要求孩子自律勤儉，自己是這樣做的嗎？要求孩子上進多看書，我做到了嗎？如果根本沒有這樣做過，如何要求孩子去做？這樣的教育孩子難道會服氣嗎？

俗話說：「龍生龍，鳳生鳳，老鼠的兒子會打洞。」在正常的情況下，父母的表現是什麼樣的，孩子就會有一樣的表現。如果父母上進學習，孩子也會對學習感興趣；如果父母喜歡幫助別人，孩子自然也是一個熱心腸……也許這種看法太過極端，但基本上證明：父母對孩子的成長有很大的影響，而言傳身教是最好的教育方式。

居禮夫人是一位成績卓著的科學家，她經過刻苦研究。從數噸瀝青礦渣中提取零點一克的鐳，當時，一克鐳可以說價值連城。

後來，居禮夫人的丈夫因為一起車禍離開了人世，有人就建議居禮夫人把鐳賣掉，用來撫養孩子。可是居禮夫人卻將這零點一克鐳無償捐獻給巴黎鐳學研究所。她說：「貧寒會帶來很多苦惱，過多的財富也會讓人討厭，孩子們自己求謀生，這樣才是最好的辦法。」

她經常對孩子們說的一句話就是：「應該不能虛度一生，應該像蠶一樣，自願的、堅持工作，永遠忍耐的向一個極好的目標努力。」而居禮夫人就以勤儉節約的美德約束自己，以自己的言行要求孩子。

要想這一生都保持勤儉的美德，這需要多麼強的毅力！而想取得成功和進步，都離不開自我約束的精神。居禮夫人的嚴於律己，她一生堅持嚴格要求自己，為孩子們樹立了好榜樣，給孩子留下深刻的印象，並且銘記在心。

有一位教育家曾說過：「如果你自己都不準備去有所成就，你也不能期望你的孩子去做什麼。」可見父母的表現行為對孩子有多麼重要的意義。要知道，自律可以讓一個人變得意志堅定，善良讓人心靈美好，同樣自私給孩子帶來的就是自私。所以，為了孩子們一生的幸福，父母應該給孩子做出表率，為孩子做好人生的榜樣吧。

著名文學家托爾斯泰曾經說過：「教育孩子的實質在於教育自己。而自我教育則是父母影響孩子最有力的方法。」父母是孩子的終生老師，只有父母做出示範性的行為。才能給孩子做出人生的好榜樣。

讓孩子學會獨立

很多孩子在提出不符合道理要求的時候，就會不停的哭鬧，有經驗的父母就一定不會馬上滿足孩子的需要，而是對孩子進行勸阻，或是想一些辦法分散孩子的注意力。倘若孩子孩子還是不罷手，就讓孩子自己冷靜一會，讓他自己去哭鬧，等孩子哭鬧完了，情緒平靜後，再把道理與孩子講清楚。

有些父母面看到孩子的哭鬧，總是不忍心拒絕孩子無理的要求，總是答應孩子無理的要求，孩子一哭，沒有條件的滿足孩子的各種要求。這樣只會讓孩子越來越得寸進尺，會認為只要自己發脾氣，就可以得嘗自己的心願，由此就很難去讓孩子改掉自己的壞脾氣和缺點。所以父母應該學會拒絕孩子不合理的要求，讓孩子在獨立中成長，這樣才是真正的為了孩子著想。

我的一個好朋友李向東，年近三十的時候生了一個兒子，全家都非常的開心，對孩子是萬分寵愛。在孩子三歲時，有一次，李向東和妻子帶他去散步。在路過一個水果攤的時候，孩子從攤子上拿起了一個蘋果，當時李向東夫妻在討論事情，沒注意到這個情況，直到周圍的人對他們投來異樣的目光，才發現孩子偷拿蘋果的事。

而孩子很專注的在欣賞著這個蘋果，周圍的人以及水果攤老闆都笑了，都覺得很有意思。妻子趕緊向老闆道歉，而李向東東心裡卻不好受，此時此刻，他才知道做父親的責任重大。於是，他嚴厲的對孩子說：「快把蘋果放下！」

孩子雖然把蘋果放下了，但開始哭鬧了起來。水果攤老闆見此就把蘋果遞給了孩子，但是被李向東婉拒了，妻子想掏錢買下蘋果，也讓他阻止了。在回家的路上，夫妻兩個人就開始討論如何對孩子進行教育的問題進行討論，結論是：對待孩子絕不能溺愛，不能過於放縱，關心孩子的日常生活，給孩子良好的生活環境，並進行各種成長教育，使他成為獨立合格的人。

等孩子不在哭鬧的時候，李向東就溫和對孩子說：「蘋果是人家的東西，我們不能拿別人的東西，拿別人的東西就是小偷，小偷是壞人。所以以後不能這樣做；以後不能隨便拿人家的東西了。」孩子點頭答應了。李向東又對孩子說：「今後你需要的東西，不向我們要，我們也會買給你；但是你用不到的東西，你要我們也不會給你的，要是哭鬧就更不買給你。」

孩子看著父親的眼睛，似懂非懂的點了點頭，這讓夫妻的心放下來了。

當孩子上小學時，有一次，學校讓孩子安排一下學期內容，並要求讓孩子自己借書。孩子回來後就讓李向東幫忙，經過詢問，李向東知道孩子自己是可以借到的，就讓孩子自己去借。沒想到孩子還是不聽話，居然哭鬧起來，一定讓爸爸去借。當時看他那可憐相，李向東差點去借書，但轉念一想，這個忙不能幫孩子，這次答應了，以後孩子就不會自己做事情了。

於是李向東堅決不去借書，並拿出相機，將他痛哭流涕的各種樣子拍下來。孩子無計可施，知道爸爸不會幫他，只好自己站起來，自言自語的說：「我就不信我不能借到。」說著就自己借書去了。

吃晚餐的時候，孩子把書借回來了，李向東覺得很欣慰，並告訴孩子：「我雖然比較關心你的成績，但今天的忙我絕對不幫，你完全可以做到的。」隨後又表揚了孩子把書借回來，並鼓勵孩子將「相信自己可以」的精神繼續保持。

夫妻倆一直這樣堅守原則，孩子漸漸不會提非分的要求的，尤其在物質方面，讓李向東夫妻省了不少心。

在教育孩子的過程中，李向東很清楚的知道：今天孩子喜歡人家的東西說拿就拿，不給他就哭鬧，而父母心疼孩子一哭就答應孩子。那麼以後孩子就可能把這種變成不良的習慣。這樣久而久之。對孩子的身心健康發展是非常不利的。這其實不是愛孩子，而是對孩子的一種不負責任，到頭來傷害的還是孩子。

如果孩子的事情都是由家長做，就會讓孩子越來越依賴父母，他就沒有機會培養和發展自己的自立能力，將來就很難適應社會，自然也不可能有出息。

對孩子真正的愛，並不是滿足孩子的各種需求，而是展現在是否符合孩子以後發展的需要。要知道，今天你不去拒絕孩子不合理的需要，明天拒絕他的人就會更多。

和孩子一起玩樂

孩子的求知欲和探索欲望是非常強的，他們在玩樂中不斷成長。玩的過程就是對世界探索的過程。在玩的過程中，他感知了這個世界各種各樣的事物，進行著不同種類的嘗試工作，以非常大的好奇心來探索各種事物，以不同方式和行為掌握各種東西的食用方法和熟悉事物……從而獲取成長的知識和經驗，因為是孩子自己實踐過的，所以就會在大腦裡留下很深的印象。

作為父母，要想了解孩子的真實想法，就應該最大程度的貼近孩子，既然玩是每一個孩子的天性，那麼家長不妨和孩子一起玩樂。很多父母卻總是說自己工作忙沒時間，把電腦、電視、遊戲機當成孩子的啟蒙教育；與孩子的聯繫總是以紙條為聯絡工具，比如「飯煮好了，在電鍋裡」、「爸爸，學校要繳學費」，這樣的交流方式。很大程度的影響孩子的正常成長，直接阻礙了家長與孩子的感情交流與發展。

其實很多父母覺得自己的工作忙，辛辛苦苦為了孩子，既是如此，為什麼不捨得給孩子一些交流時間呢？華盛頓一位醫學專家認為：「就孩子的正常生理發育來講，玩樂與豐富的營養物質、乾淨的空氣、良好的睡眠是一樣重要。孩子就應該透過自由自在的玩樂，了解到這個世界。所以，父母應該留出時間和孩子一起玩，陪伴孩子度過美好的時光。

安徒生是世界著名的童話大王。他出生在一個非常貧困的家庭中，父親是一名鞋匠，但是曾經受過良好的教育。母親是一名洗衣女工，她沒有上過學，並且非常迷信，但是這樣卻讓年幼的安徒生步入了奇異的民間傳說之中。

安徒生的父親雖然很勞累，但卻沒有因此對孩子忽視。他常常在做完自己的工作以後，帶著安徒生去玩。在散步的小路上，父親還會講很多神奇有意思的故事，或是講一些自己編的小故事，以及關於人民困苦的故事。而小安徒生一到父親講故事的時候，總是仰著脖子，睜大眼睛，非常認真聽父親將那些非常有趣的小故事，並為故事裡面的人物高興和難過。

當時家裡很窮，父親沒有辦法給孩子買好玩的玩具，他望著安徒生渴求的目光非常難過，心裡覺得很內疚。有一天，父親看到一塊木頭，想到他可以用這些給孩子做一些小玩具。於是他找到工具，開始製作玩具，花了很長的時間，終於雕刻了幾隻很粗糙但是很好玩的木偶。

小安徒生看到以後很高興，父親又對他說：「我們可以把這個弄得更有趣！你去和媽媽要一些碎布來，我們來給這些木偶穿上衣服，好不好？」小安徒生一聽，高興說道：「好啊好啊！我馬上去！」他興沖沖的到媽媽這裡，在媽媽的幫助下，給小木偶們縫製了很多漂亮的衣服，並細心的給孩子穿好。

父親對安徒生說：「你看，他們像不像幾個小演員啊？我們玩跳舞的遊戲好不好？」他找來一張桌子作為舞台，又拿媽媽的頭巾做幕布，還找來了一個喜劇故事做劇本，就這樣，父子倆個高興玩起來。他們就好像專業演員一樣。做出很多動作，玩得開心極了。而媽媽也有些開始加入他們的遊戲中，當起了他們的觀眾。

從那以後，安徒生就開始對童話產生了興趣，那些虛構的人物和情節非常吸引他，甚至讓他著迷。為了讀到更多的故事，他開始迷戀看書，而這些對他日後的成長有很大的影響。

由此可知，玩樂可以有效的開發孩子的智商，科學家曾做過一個實驗，證明如果環境越豐富，玩樂的時間越長，就越能促進大腦的發育。不僅如此，玩樂可以幫助孩子很快的融入社會。孩子在遊戲的過程中，可以體會到與別人合作或是競爭的樂趣，透過遊戲可以知道如何與別人進行交往，因為要想順利完成遊戲就必須通力合作，這樣防止了孩子以自我為中心。

其實孩子真正需要和父母在一起的時間並不多，很多父母感歎孩子一上中學、高中就離自己很遠了，在孩子心目中，同學比爸媽還重要。再加上孩子上學時都是住校的，和家人在一起的時間就更短了，這麼一算，真正與孩子在一起的時間也就所剩不多了。

等到父母終於有時間了，卻正是孩子離開父母的時候，這時候再去埋怨孩子不聽話，不知道體諒父母的辛苦，已經太遲了。早知今日又何必當初呢！錢是有了，事業也有成了，但是與孩子的關係卻越來越差了，這是不是很不划算呢？

有些事情可以緩緩，但有些事情不容得往後推。時光總是匆匆而過，孩子的童年只有一次。所有培養孩子的未來發展與德育教育都是在這個階段。作為父母。應該學會珍惜時間，與孩子建立良好的親子關係。

信任孩子，做孩子的朋友

曾經有一段時間，減輕學生負擔的呼聲非常高，但是不少家長卻持反對意見，為什麼呢？這些家長覺得如果減輕孩子的作業負擔，孩子的學業成績就會受到影響，或是不利於孩子的升學，孩子可能也會變得原來越散漫……這些想法都是從孩子的角度去考慮，希望孩子能有一個美好的未來。

但是，如果父母真心希望孩子可以快樂的成長，有個美好的明天，就應該對孩子有信心。有人說，信任是人與人之間親密的基礎。朋友之間、同學之間都需要信任，而父母與子女之間，也應該從信任中構建良好的關係。

孩子在學習走路的時候，哪怕摔了很多跤、甚至摔更多的跤，父母都會鼓勵孩子。這就是父母對孩子的一種信任。正是因為相信自己的孩子可以，所以才讓自己的孩子學習走路。其實孩子對自己父母都是百分之百信任的，覺得在世界上父母是最真實最可靠的，所以在任何時候，父母在看到孩子與別的孩子不管有什麼樣的差異時，也應該堅信自己的孩子可以做到。父母與孩子的這種互相信任，可以讓孩子就像和朋友交談一樣與父母交流，這樣就讓教育的效果更好。

但是如果父母對孩子是一種不信任的態度，就很難與孩子進行溝通，也無法了解孩子的真實想法，同時極大傷害了孩子的自尊心和自信心，也會降低孩子的信任感。這樣，也會讓家庭教育的效果減弱。

有一天放學後，鄰居的女兒蘭蘭對媽媽說：「老師今天讓我們給學峰哥哥寫一封信，學峰哥哥的事情可以在學校的網站查到！」媽媽聽了以後打開了電腦，一邊說：「學峰？你是不是記錯了！現在是三月分，老師應該是讓你們學習雷鋒，知道嗎？」

蘭蘭說：「我們老師說的就是學峰，不是雷鋒。」非常不湊巧，這個學校的網站沒有辦法查到，媽媽也沒辦法知道學峰的事蹟，但是媽媽認為自己是正確的，而女兒還小，也許是聽錯了。於是她勸說女兒，讓她寫了一封學習雷鋒的信。

第二天放學回到家裡，女兒非常難過的對媽媽說：「媽媽，老師是讓我們寫的是給學峰哥哥寫的信。」媽媽聽後上網一查，一看，才知道是女兒說的是參加帕拉林匹克運動會的陸學峰，學校讓孩子們寫一封讓陸學峰加油的信。為此，媽媽很愧疚的說：「媽媽錯了，媽媽不應該太固執，現在你就寫這封信吧！」

從此以後，媽媽就對孩子有了足夠的信任，而女兒對媽媽也是非常信任。什麼事情都會向母親傾訴，把媽媽當成是自己的朋友。

當孩子說想去太空上玩樂的時候，請相信她，不要對孩子進行嘲笑，而是應該鼓勵孩子說說：「將來你一定可以的！」如果孩子說很喜歡跳舞，請相信她，不要去譏笑孩子的舞蹈，應當鼓勵她說：「只要努力，你會很出色的！」從孩子漸漸懂事以後，就有了獨立的思想，他和成人一樣，希望得到別人的理解和信任。所以，父母不要把自己的意願強加在孩子身上，把他總是設定在大人規定的範圍內生活，而是應該信任孩子，給孩子自己獨立的空間，讓孩子自己去展望未來！

一位教育專家曾經說過，教育孩子的祕密就是讓孩子知道自己「行」。每個孩子都希望得到別人的信任和理解，父母的信任就是孩子成長的信心和動力，哪怕只是不經意的一次信任，都會讓孩子非常的感激，難以忘懷，甚至改變以前不好的作風。

某父親他在工廠只是一個技術員，然而卻教出非常出色的孩子，自己也成了一家聾啞學校的副校長。這樣一位與教育毫無關係的家長，是怎麼成功的呢？

這位父親就是周弘，他的女兒是個聽力有障礙的兒童，然而父親並沒有放棄孩子，他相信孩子一定會有出息，所以他引導著女兒，學會了說話，不僅沒有去聾啞學校，還進入了市立小學，還跳了兩級，成為優秀少年，而周弘可以成為聾啞學校的校長。他的成功主要的原因就是相信孩子可以做到，他始終堅信自己的孩子可以說話，成為一個優秀的人才，因此就教會了一個優秀的女兒。

可見，相信自己的孩子，做孩子的好朋友，就可以激發孩子的動力和信心，讓孩子體會到被尊重和認可的快樂。而他也會因為一直處於父母的信任和支持下，一步一腳印的邁向成功，實現自己的目標。

在教育界裡有一個很著名的實驗，就是「畢馬龍效應」。這個實驗的核心就是「信任」這種效應已經被廣泛運用在現代家庭教育中，它要求父母要在內心中信任自己的孩子，培養孩子的積極性，讓孩子在父母的鼓勵和信任中不斷成長。

心理學家研究證實：希望得到別人的信任是一種非常積極的心態，是一種大眾的理想心理。也是一個人積極進步、不斷奮鬥、實現自我價值的內部驅動力。而父母對孩子的信任，能讓孩子提高自己的心理素養。形成積極促進孩子成長的良好能量。

兒童注意力測試

下列的選項，如果與你的孩子情況相符，請打勾	打勾
孩子寫作業，一會兒寫這個，一會兒弄別的，沒有辦法專心	
簡單的題目，孩子都會做，但總是磨蹭，要用很長時間	
孩子上課發言次數很少，即使被老師點名了，回答起來也很困難	
被老師和父母批評了，孩子覺得委屈，上課不注意聽講，寫作業也不集中，學習不能專心	
看了很精彩的卡通，到第二天上課還在回想，還與同學討論，就是不能集中在學習上	
孩子做作業總是草率，做事經常丟三落四	
孩子上課不注意聽講，聽課有時心不在焉	
在家裡溫習功課，聽到動靜，就會東張西望	
學習靜不下心來，很難認真堅持下去	
總是擔心自己做不好事情	
孩子做任何事情總是在拖拖拉拉	
家長說的話，孩子就不放在心裡，總是記不住	
一遇到心事，孩子就會總想，沒有精神	

做作業時，孩子覺得時間過得很慢，總想開溜	
孩子做事情總不計畫一下	
孩子參加不喜歡的活動，心裡很壓抑。	

判斷標準：

上面情況都是注意力不集中的表現，具有上述六個表現以上的，表示注意力很不集中，建議進行學習能力訓練或者進行集中力訓練。

壞孩子其實很乖

不打不罵的七堂教養課，找回你與孩子的親密關係

作　　者：洪春瑜
發 行 人：黃振庭
出 版 者：崧燁文化事業有限公司
發 行 者：崧燁文化事業有限公司
E-mail：sonbookservice@gmail.com
粉 絲 頁：https://www.facebook.com/sonbookss/
網　　址：https://sonbook.net/
地　　址：台北市中正區重慶南路一段六十一號八樓 815 室
Rm. 815, 8F., No.61, Sec. 1, Chongqing S. Rd., Zhongzheng Dist., Taipei City 100, Taiwan (R.O.C)
電　　話：(02)2370-3310
傳　　真：(02) 2388-1990
印　　刷：京峯彩色印刷有限公司（京峰數位）

定　　價：330 元
發行日期：2021 年 05 月第一版
◎本書以 POD 印製

國家圖書館出版品預行編目資料

壞孩子其實很乖：不打不罵的七堂教養課，找回你與孩子的親密關係 / 洪春瑜 著 . -- 第一版 . -- 臺北市：崧燁文化事業有限公司, 2021.05
面；　公分
POD 版
ISBN 978-986-516-573-4(平裝)
1. 親職教育 2. 親子關係 3. 子女教育
528.2　　110001586

電子書購買

臉書